Radtouren am Wasser
Ruhrgebiet

Kurzer Stopp am Radweg im idyllischen Lenne-Tal nahe Hohensyburg (Tour 7)

Linda O'Bryan, Hans Zaglitsch

Radtouren am Wasser

RUHRGEBIET

30 Touren entlang von Ruhr, Emscher und Lippe

BRUCKMANN

Blick von der Burgruine Hohensyburg auf das Ruhrtal (Tour 5)

Inhalt

QUER DURCHS RUHRGEBIET

Rastplatz in Krudenburg an der Lippe (Tour 14)

Garten im Schloss Sythen (Tour 17)

UNTERWEGS IM LIPPETAL

REGION NIEDERRHEIN

Am Marktplatz von Kalkar (Tour 30)

Herzlich Willkommen im Ruhrgebiet!

Früher war ein Urlaub im Ruhrpott oder Revier, wie das Ballungsgebiet zwischen Lippe und Ruhr im täglichen Sprachgebrauch oft bezeichnet wird, kaum vorstellbar, ebenso wenig, wie die Region mit dem Rad zu erkunden. Der Ruf damals war schlecht, die Luftverschmutzung im Vergleich mit dem bundesweiten Durchschnitt hoch und die Industrie um das »schwarze Gold« bestimmte den Alltag. Doch die Zeiten haben sich positiv geändert. Zwischen Lippe, Emscher und Ruhr vollzog sich ein Strukturwandel, der eine einzigartige Mischung aus Industrie, Kultur und Natur hervorbrachte. Ehemalige Hochöfen dienen heute als Aussichtstürme, aus Industrieanlagen wurden Kletterparks und Abenteuerspielplätze, aus Bergwerkstollen interessante Museen, aus Maschinenhallen Veranstaltungsorte und die Halden gestaltete man in Freizeitgelände um. Beste Beispiele für den Wandel sind unter anderem der Landschaftspark Duisburg Nord, der Nordsternpark in Gelsenkirchen, der Gasometer in Oberhausen und das Weltkulturerbe Zeche Zollverein mit dem Ruhrmuseum in Essen.

Aussichtspunkt am Bergerfurther Baggersee (Tour 28)

Das Revier ist grün geworden, attraktiv und überaus lohnenswert per Rad zu erkunden. Ab 2017 wurde damit begonnen, das Radwegenetz neu zu gestalten, auszubauen und ausführlich zu beschildern. Heute umfasst dieses Netzwerk rund 1200 Radkilometer, die kreuz und quer zwischen Zechenromantik und leuchtenden Industriedenkmälern, zwischen pulsierenden Städten und stillen Naturschutzgebieten verlaufen.

Drei Tage, vier Tage oder doch eine ganze Woche radeln? Im Ruhrgebiet lässt es sich tagelang aushalten, denn es gehört zu den interessantesten und abwechslungsreichsten Ecken Deutschlands. Dazu tragen zuallererst die Geschichte und die Hinterlassenschaften der Kohleförderung wesentlich bei. Aber auch die Mischung aus kreativen Spots, Naturschutzgebieten und rund fünf Millionen Einwohnern aus unterschiedlichen Kulturen und Gesellschaften – ein Schmelztiegel, den man bei jedem Tritt in die Pedale erleben wird.

Wissenswertes

Die Touren in diesem Radführer begleiten die Flüsse Ruhr, Emscher, Lippe und einen Teil des Niederrheins. Viele Radkilometer verlaufen zudem an den vier wirtschaftlich bedeutenden Wasserstraßen: Dortmund-Ems-Kanal, Wesel-Datteln-Kanal, Rhein-Herne-Kanal und Datteln-Hamm-Kanal. Egal an welchem Kanal- oder Flussufer Sie gerade radeln werden, jeder Radkilometer im Ruhrgebiet bietet eine interessante und sehr abwechslungsreiche Mischung aus Industriearchitektur, Bergbaugeschichte, Natur, Kunst und Kultur. Der Name Ruhrgebiet bürgerte sich für die ganze Region übrigens erst ab den 1920er-Jahren ein. In den Anfangsjahren des Kohleabbaus war damit lediglich das Ruhrtal gemeint.

Ob Sie eine kurze Tour mit Stadtbesichtigung planen, eine mehrstündige Tagestour vor Augen haben oder gleich eine Mehrtagestour unternehmen möchten, wir haben für Sie 30 interessante und abwechslungsreiche Touren zusammengestellt, die Sie unter anderem zu den Monumenten und Highlights der Kohleindustrie, zu interessanten Museen, historischen Arbeitersiedlungen und wertvollen Naturschutzgebieten bringen. Unsere Touren sind zwischen 20 und 50 Kilometer lang und können auch einfach kombiniert werden, wodurch Sie mehrere Radtouren von einem Standort aus unternehmen können. Auch ist es möglich, in Etappen entlang eines Flusses zu radeln, wodurch längere Tagestouren oder mehrtägige Radwanderungen machbar sind. Unterkünfte sind in fast jedem größeren Ort und für jeden Geschmack und Geldbeutel vorhanden. Bei den Preisen gilt in der Regel: an Wochenenden und Feiertagen sind die Unterkünfte um einiges teurer als an Wochentagen.

Unterwegs in Flaesheim (Tour 19)

Planung und Infrastruktur

Unsere Radrouten sind als Rundtouren angelegt. Dabei verlassen die Routen auch ab und an das Wasser bzw. den Uferbereich für die Rückstrecke, sodass Sie nicht immer den gleichen Radweg zurückradeln müssen. Es lässt sich aber nicht vermeiden, dass auf der Rückfahrt auch öfters Abschnitte auf dem gleichen Radweg verlaufen. Bei den Touren wurde aufgrund der geografischen Gegebenheiten auf die Angabe von Höhenmetern verzichtet. Ein Vorteil unserer Rundtouren ist auch die An- und Rückreise mit dem Auto. Damit können Sie mit dem Fahrrad an fast jedem Punkt der Tour beginnen, was wiederum die oft lästige Suche nach freien und kostenlosen Parkplätzen in Städten vereinfacht. Bei fast allen Routen kann auch mit der S-Bahn (S), der Regionalbahn (RB) und/oder dem Regional-Express (RE) angereist werden. Die Mitnahme des Rads ist in der Regel problemlos, kostet ein paar Euro zusätzlich und an Bahnhöfen gibt es öfters Aufzüge, damit man das Rad nicht hinunter- bzw. hinauftragen muss. Im Internet finden Sie die aktuellen Tarife, Fahrpläne und Strecken der Bahnen. Sogenannte Radbusse gibt es im Ruhrgebiet derzeit noch nicht.

Radwege und Einkehr

Die Radwege sind generell betrachtet gut unterhalten und zu 90 Prozent mit Kies befestigt oder asphaltiert. Es kommt aber schon öfters vor, dass es Schäden an der Asphaltdecke gibt wie etwa durch Baumwurzeln, die die Decke anheben, oder durch Frostschäden, die Löcher in der Decke hinterlassen haben. In Naturschutzgebieten gibt es verständlicherweise keine geteerten Wege, auch größtenteils entlang der künstlichen Wasserstraßen. Außer auf ausgewiesenen Radwegen verlaufen unsere Touren auch häufig auf verkehrsarmen Nebenstraßen und Wirtschaftswegen. Entlang eines Kanals sind die sogenannten Versorgungsstraßen, die für den Unterhalt des Kanals angelegt wurden, oft besser als der Radweg direkt am Kanalufer.

An der Anlegestelle der Radfähre in Rees (Tour 30)

Die beste Reisezeit für das Ruhrgebiet sind der Frühling und der Frühsommer. Die Naturschutzgebiete, Obst- und Blumenwiesen erwachen dann zu neuem Leben, die Temperaturen zum Radfahren sind angenehmer als in den heißen Sommermonaten und wenn die Wochenenden und Feiertage gemieden werden, hält sich der Andrang auf den Radwegen in Grenzen.

Gasthöfe, Cafés, Imbissbuden, Konditoreien – in den Dörfern und Städten entlang der Radwege gibt es gute Einkehrmöglichkeiten. Und im Zuge der Erweiterung und Erneuerung des Radnetzwerks im Ruhrgebiet wurden auch vielerorts Bänke und Tafeln aufgestellt, wo man eine Pause einlegen und sein Mitgebrachtes in aller Ruhe verzehren kann.

Radkarten, GPS und Orientierung

Wegweiser an der Tour 28

Die Beschreibung der Routen und die Karten in diesem Buch reichen aus, um sich gut zu orientieren. Unterwegs werden Ihnen sicher die vielen neutralen Zwischenwegweiser mit rotem Pfeil auf weißem Untergrund auffallen, die Sie gut durch die Ortschaften leiten. Zudem gibt es ein neues modernes Radknotenpunktsystem nach niederländischem Vorbild. An vielen relevanten Kreuzungen wurden zusätzlich zu den Wegweisern auch die Nummern zum nächsten Radknotenpunkt angebracht, was den Radler und Radlerinnen erlaubt, dass sie sich schon vorab bei der Planung nur noch die Nummern der Knotenpunkte merken bzw. notieren müssen. Zudem gibt es an jedem Radknotenpunkt eine Informationstafel mit Standort, weiteren Radwegen, Knotenpunkten, Ortschaften und markanten Sehenswürdigkeiten.

Haben Sie ein GPS-Gerät dabei, dann bitte nicht wundern, wenn Ihr Navi geringfügige Abweichungen von unseren Angaben anzeigt. Dies hat vor allem damit zu tun, dass es unterschiedliche Navigationsgeräte am Markt gibt, die wiederum unterschiedliche Messungen durchführen.

E-Bike, Tourenrad oder Leihrad?

Da unsere Touren fast immer entlang eines Ufers oder im Uferbereich verlaufen, ist die Angabe von Höhenmetern eigentlich nicht relevant. Natürlich gibt es auch ab und an Steigungen, das heißt aber nicht, dass Sie für diese Touren unbedingt ein E-Bike brauchen, um größere Höhenunterschiede zu bewältigen. Auch das Mountainbike können Sie getrost zu Hause lassen. Die meisten unter Ihnen sind auch sicher keine Einsteiger, bringen die notwendige Erfahrung und ihr vertrautes Rad mit und kennen Kondition und das eigene Tagespensum bestens. Im Informationsblock am Seitenrand jeder Tour werden die Gesamtlänge und der Schwierigkeitsgrad mit leicht, mittel oder schwierig angegeben. Und steht kein Rad zur Verfügung, dann gibt es in den meisten Orten Fahrradverleihe, bei denen das passende Rad zu finden ist.

Schwierigkeitsgrad

Die Einstufung als **leicht** ●, **mittel** ● und **schwer** ● dient als einfacher Vergleichsmaßstab zwischen den Radtouren auf Grundlage von Streckenlänge und Steigungen.

D Witten D
04809740
ruhrtalFähre
F

Links und rechts der Ruhr

Radfähre über die Ruhr bei Hardenstein (Tour 4) (o. li.). Burgruine Hardenstein an der Ruhr (Tour 4) (o. re.). Historisches Haus in der Altstadt von Schwerte (Tour 6) (u. re.). Blick auf das Ruhrtal bei Mülheim (Tour 1) (u. li.).

1

Von der Ruhr zur Sechs-Seen-Platte

Genießen von Fluss- und Seenlandschaften

Mittel | 38 km | 3:30 Std.

Tourencharakter
Rundtour auf asphaltierten Radwegen und Nebenstraßen sowie befestigten Kiesradwegen in der Duisburger Seenplatte

Ausgangs-/Endpunkt
Parkplatz, Am Schloss Broich 34, Mülheim an der Ruhr

GPS-Daten
51°25'38.7"N 6°52'09.4"O

Anfahrt
Auto: Auf der B 223 oder der B 1, die von der A 40 und der A 52 abzweigen
Bahn: Mehrere Verbindungen mit der Regionalbahn (RB), dem Regional-Express (RE) und der S-Bahn (S). Der Bahnhof liegt etwa 1,5 km vom Ausgangspunkt entfernt.

Karte
ADFC-Regionalkarte radrevier.ruhr West, 1:50 000

Kombinierbar mit
Tour 2, 13 und 22

Einkehr
Im Duisburger Innenhafen gibt es für jeden Geschmack und jeden Geldbeutel etwas. Spezielles gibt es im Restaurant Mongo's, www.mongos.de/de/restaurants/duisburg
Franky's Biergarten, Alte Schleuse 1, Mülheim, speisebaron.de

Diese Runde bietet von allem etwas: Die Tour führt zunächst entlang der Ruhr und dann durch das Wambachtal und Rottbachtal zur Duisburger Sechs-Seen-Platte. Über den trendy Duisburger Innenhafen erreichen Sie den Rhein-Herne-Kanal, bevor die Ruhr Sie wieder zurück zum Ausgangspunkt begleitet. Interessante Sehenswürdigkeiten fehlen nicht.

Start am Schloss Broich Vom Parkplatz radeln Sie rechts Richtung Schloss Broich. Das märchenhafte Schloss gilt als eines der ältesten Deutschlands und ist sehr gut erhalten. Der Innenhof ist frei zugänglich und einen kurzen Blick wert. Vom Schloss folgen Sie dem Wegweiser Essen/Kettwig und überqueren die Straße auf der Radbrücke, von der aus sich nochmals ein schöner Blick auf das Schloss bietet. Auf der anderen Straßenseite halten Sie sich nach dem Kinderspielplatz links Richtung Wasserbahnhof.

Schloss Broich in Mülheim an der Ruhr

Auf der Ruhrinsel Immer den Radtafeln zum Wasserbahnhof folgend gelangen Sie rechts an der Straße entlang und dann links über einen schmalen Pfad zur Ruhr. Sie überqueren den Fluss zuerst auf einer Radbrücke und anschließend auf der Staumauer des Wasserkraftwerks Kahlenberg, ein imposantes Baudenkmal. Sie gelangen dann auf die Schleuseninsel, ein beliebtes Erholungsgebiet in Mülheim. Hier befinden sich der Wasserbahnhof der Weißen Flotte und das Erlebnismuseum Haus Ruhrnatur, das in einem alten Bootshaus aus Ruhrsandstein untergebracht ist. Eine Promenade führt an Bänkchen, Restaurants und einem Biergarten entlang zur historischen Schleuse, die vor allem den Freizeitbooten dient. Von der Schleuseninsel geht es zurück durch das Tor des Kraftwerks und dann gleich links weiter auf der Ruhrinsel Richtung Saarn. Die naturbelassene Landschaft lässt nicht erahnen, dass diese Insel künstlich angelegt wurde. Am Ende verlassen Sie die Insel rechts über die Wehrmauer und folgen dem Uferradweg nach links.

Haus Ruhrnatur auf der Schleuseninsel in Mülheim

Oase der Ruhe Sie verlassen kurze Zeit später die Ruhr und folgen rechts dem Wegweiser Saarn. Der Radweg schlängelt sich nun durch das Naturschutzgebiet Saarn-Mendener Ruhraue. Den Radschildern folgend gelangen Sie über eine Holzbrücke rechts nach Saarn hinein, das Sie gerade-

Biergarten auf der Schleuseninsel in Mülheim an der Ruhr

Radweg über das Wasserkraftwerk Kahlenberg in Mülheim

aus bis zur Ampelkreuzung durchqueren. Sie halten sich hier rechts und biegen gleich bei der nächsten Ampel links in die Langenfeldstraße ein. Dieser leicht ansteigenden Straße folgen Sie einige Minuten, bis Sie eine Rechtskurve erreichen, wo Sie rechts in die Straße Am Bühlsbach schwenken. Danach an der T-Kreuzung biegen Sie schließlich links auf den Nachbarsweg ein, dem Sie jetzt immer geradeaus und mit leichten Steigungen folgen. Die Route taucht bald in einen schönen Wald ein und durchquert geradeaus die Naturschutzgebiete Wambachtal und Oemberger Moor, beide Oasen der Ruhe inmitten des Ruhrgebiets. Die Route quert mehrmals das Wambachtal und führt automatisch erst rechts dann links weiter durch das angrenzende Naturschutzgebiet Rottbachtal. Sie überqueren die Autobahn und halten sich nach den Gleisen links, dann rechts.

Die Sechs-Seen-Platte Nach den Gleisen folgen Sie den Radschildern und gelangen so durch den Wald zu einem Parkplatz, wo Sie den Wegweiser rechts zur Sechs-Seen-Platte beachten. Gleich an der ersten Gabelung halten Sie sich links und der Radweg führt schon bald zwischen den ersten Baggerseen hindurch: Rechts breitet sich der Haubachsee aus, links liegt der Wildförster See. Die Route zwischen den Seen ist nicht deutlich ausgeschildert und im ausgedehnten Netzwerk von Wander- und Radwegen ist die Orientierung etwas schwierig. Am besten folgen Sie bei Gabelungen immer links dem Seeufer. So radeln Sie an mehreren Seen entlang und genießen den freien Blick auf die traumhafte Wasserlandschaft. Unterwegs am Uferweg treffen Sie immer wieder auf Bänkchen, wo man das Rad auch mal abstellen und die Szenerie genießen kann.

Wer die Seenlandschaft auch noch aus einer anderen Perspektive bewundern möchte, der kann einen kleinen Abstecher zum 23 Meter hohen Aussichtsturm machen, von dem aus sich ein toller Panoramablick auf die Seenplatte bietet.

Immer dem Uferbereich folgend gelangen Sie zum Sporthafen, wo Sie das Rad über die Fußgängerbrücke zum Strandbad am Wolfssee schieben müssen und danach das Naherholungsgebiet verlassen werden.

Ausflugsboot auf der Ruhr bei Kettwig

Badestrand in der Sechs-Seen-Platte bei Duisburg

Historisches und Modernes im Duisburger Innenhafen

Unterwegs am Ruhrtalradweg bei Duisburg

Zum Duisburger Innenhafen Die Regattastrecke ist das nächste Ziel. Der Radweg führt vom Strandbad geradeaus am Parkplatz entlang, dann rechts in die Straße Am See und bei der Kirche wieder links. Am Ende der Straße erblicken Sie rechts bereits das Wasser der Regattastrecke. Sie folgen dem gut ausgebauten Radweg am Westufer der Regattastrecke. Am Ende radeln Sie über den Parkplatz zur Straße, der Sie links entlang der Sporthalle bis zur Ampel folgen. Hier geht es rechts Richtung Duisburg-Zentrum. Sie unterqueren rechts die Gleise und folgen gleich links den Radwegweisern. Der Radweg verläuft jetzt mehr oder weniger an den Gleisen entlang zum Duisburger Hauptbahnhof. Nach dem Bahnhof unterqueren Sie die Gleise nach links und radeln geradeaus durch die Einkaufsstraße weiter. Am Straßenende, beim Radknotenpunkt 31, schwenken Sie rechts Richtung Moers. Sie überqueren die Straße und halten sich links, dann ist der Duisburger Innenhafen schon bald erreicht. Die gemütlichen Lokale dort eignen sich bestens für eine Pause.

Auf dem Ruhrtalradweg retour Vom Innenhafen folgen Sie dem Wegweiser Richtung Moers und gelangen an die Ruhr. Die Route geht links am Ruhrdeich weiter bis zum Ruhrwehr. Sie überqueren hier den Fluss und radeln geradeaus über die Schleuse Richtung Mülheim/Aquarius. Sie folgen jetzt dem Ruhrtalradweg, der hier auf einer Insel zwischen Ruhr und Hafenkanal verläuft. Den Radschildern folgend gelangen Sie über eine Radbrücke zum Rhein-Herne-Kanal, den Sie bald wieder nach rechts verlassen. Die letzte Etappe der Radrunde führt fast ständig durch den Uferbereich der Ruhr zwischen Auwald, Wiesen und Felder hindurch. Nur bei Styrum verläuft der Radweg kurz parallel zur Autobahn und durch Industriegelände, um dann in Mülheim beim Alten Wasserturm wieder zurückzukehren an die Ruhr. In diesem Industriedenkmal befindet sich das interessante Wassermuseum Aquarius. Über die Styrumer Brücke, eine alte Bahntrasse, wechseln Sie ans andere Ufer und radeln quer durch Mülheims Garten MüGa mit Teichen, Blumen, Kunstwerken und Brunnen retour zum Schloss Broich. Ein schöner Abschluss einer tollen Radtour.

Interesse an moderner Kunst?

Duisburg hat dazu einiges zu bieten: Museum Küppersmühle, Museum Lehmbruck, Museum DKM – Linien stiller Schönheit oder die Cubus Kunsthalle. Mit Kindern unterwegs? Das Explorado ist ein wahres Paradies, um spielerisch Neues zu entdecken.

Links: Außergewöhnliche Sehenswürdigkeit im ehemaligen Broicher Wasserturm: die Camera Obscura

Rechts: Lohnenswerter Stopp an der Ruhr: das Wassermuseum Aquarius

2 Um den Baldeneysee

Bezaubernder See der Ruhrmetropole Essen

Leicht · 30 km · 2:30 Std.

Tourencharakter
Rundtour auf asphaltierten Radwegen

Ausgangs-/Endpunkt
Parkplatz Alter Bahnhof, Kettwig

GPS-Daten
51°21'51.5"N 6°57'15.6"O

Anfahrt
Auto: Über die A52, Ausfahrt Essen-Kettwig
Bahn: Mehrere Verbindungen mit der S-Bahn (S) zum Alten Bahnhof Kettwig

Karte
ADFC-Regionalkarte radrevier.ruhr West, 1:50000

Abkürzung
Startpunkt kann auch der Bahnhof Essen-Werden sein (S-Bahn), was die Route um etwa 10 km verkürzt.

Kombinierbar mit
Tour 1 und 3

Einkehr
Zwölf Apostel, Essen, zwoelf apostel-essen.de
Haus am See, Essen, hausam see.ruhr
Werdener Wies'n, Werden, kleine Imbissbude am Ruhrufer mit Terrasse, m.facebook.com/ werdenerwiesn

Natur im Vogelschutzgebiet Heisinger Bogen, bewaldete Hänge, Relikte aus der regionalen Industriegeschichte, eine Regattastrecke und die monumentale Villa Hügel prägen das Landschaftsbild um den Baldeneysee.

An der Ruhr entlang Die Route startet am Alten Bahnhof in Kettwig, einem der angenehmsten Orte an der Ruhr. Die schön restaurierte historische Altstadt um die evangelische Dorfkirche lädt zu einem kurzen Streifzug ein, aber zunächst steht die Umrundung des Baldeneysees an. Mit dem Bahnhof im Rücken schwenken Sie nach rechts und radeln auf der Durchfahrtsstraße bis zur nahe gelegenen Gaststätte Am Katzenturm. Hier biegen Sie rechts ab, überqueren die Gleise und gelangen ans Ufer der Ruhr. Der Radweg verläuft direkt am rechten Ufer und bietet freien Blick auf die reizende Flusslandschaft. Sie folgen dem Radweg links Richtung Werden/Kupferdreh. Blickfang

Blick auf den Baldeneysee und die oben thronende Villa Hügel

unterwegs ist die kleine denkmalgeschützte Papiermühlenschleuse mit hübscher Ziehbrücke und dem noch erhaltenen Schleusenwärterhaus. Die Schleuse wurde 1834 erbaut und ersetzte damals eine im 18. Jahrhundert errichtete Schleuse, die durch den Straßenausbau aber völlig verschwand. Die Papiermühlenschleuse war bis 1950 in Betrieb und wurde durch den angelegten Kettwiger Stausee, der den Niveauunterschied ausglich, überflüssig. Die Route macht dann einen Linksbogen zum Bahnhof Essen-Werden. An der Kreuzung überqueren Sie die Straße und radeln am rechten Ufer weiter Richtung Kupferdreh.

Papiermühlenschleuse in der Ruhr bei Essen-Werden

Am Nordufer des Baldeneysees Den Radschildern folgend gelangen Sie am Golfplatz entlang zum Baldeneysee. Er ist der größte der sechs Ruhrstauseen und wurde ab 1931 in zwei Jahren angelegt. Restaurants, Strandbars und Wassersportvereine reihen sich an diesem Abschnitt des Sees aneinander. Auch die Regattastrecke verläuft hier. In diesem lebhaften Areal ist der Uferweg leider nur den Fußgängern vorbehalten. Einige Meter hinter dem See, unterhalb des Steilhangs, verläuft der schattige Radweg. Der freie Blick auf das Wasser eröffnet sich den Radfahrern erst nach dem Herrenhaus Baldeney, das dem See seinen Namen gab. Bevor die Ruhr hier aufgestaut wurde und so der See entstand, thronte das Herrenhaus, dessen Kern ins Mittelalter zurückgeht, auf einer Insel

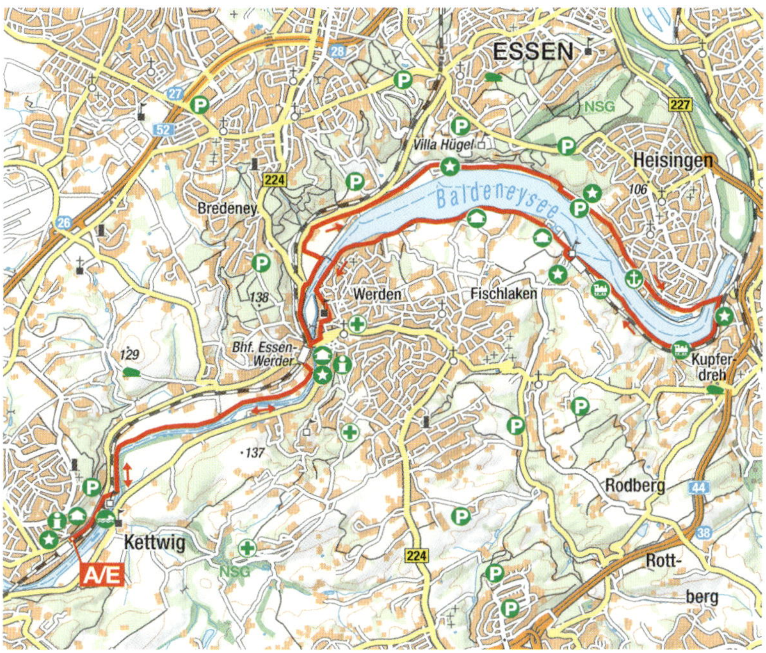

Historische Eisenbahnbrücke über den Baldeneysee bei Heisingen

im Fluss. Heute ist dies nicht mehr nachvollziehbar. Das heutige aus Ruhrsandstein errichtete Schloss Baldeney steht unter Denkmalschutz und befindet sich in Privatbesitz.

Nach Haus Baldeney wird es ruhiger am Seeufer. Sie folgen weiter dem Uferweg und treffen vor Heisingen auf ein weiteres Denkmal: die Zeche Carl Funke, ein Steinkohlebergwerk, dessen Ursprung in den 1770er-Jahren liegt. Nach der Stilllegung 1973 und dem fast vollständigen Abriss in den 1980er-Jahren blieben lediglich das Maschinen- und das Torhaus sowie das Fördergerüst erhalten. Der stählerne Förderturm erhebt sich nahe dem Parkplatz und der Skateboardbahn.

Am Südufer des Sees Sie durchqueren nach der Zeche das hübsche Heisingen am Rand des Vogelschutzgebiets Heisinger Bogen und radeln direkt auf die alte Stahlbrücke zu. Wo früher Dampflokomotiven die Ruhr überquerten, bewegen sich heute Spaziergänger, Wanderer und Radler. Die ehemalige Eisenbahnbrücke wurde bestens auf die neue Bestimmung umgebaut und bietet ein herrliches Panorama auf den See, der hier von bewaldeten Hängen eingerahmt wird. Auf der anderen Seeseite radeln Sie am Südufer zurück Richtung Werden/Kettwig und passieren dabei den Alten Bahnhof von Kupferdreh, wo Eisenbahnfans sich an alten Schienenfahrzeugen der Hespertalbahn erfreuen können.

Am Südufer verläuft der offizielle Ruhrtalradweg, aber neben Radlern sind hier auch Tagestouristen, Wanderer, Jogger und Skater unterwegs. Auf dem breiten, asphaltierten Weg ist allerdings genug Platz für alle und unterwegs sind auch einige Einkehrmöglichkeiten und Bänke für eine Rast zu finden. Die Route führt fast ständig am Wasser entlang und macht nur einen Bogen ums Haus Scheppen, ein ehemaliger Lehnshof der Werdener Abtei, dessen Geschichte bis ins 13. Jahrhundert reicht. Die Anlage diente in den 1930-Jahren als Unterkunft für Zechenarbeiter und wurde im Zweiten Weltkrieg schwer beschädigt, weshalb nur noch Teile des Hofs erhalten geblieben sind. Heute wird ein Teil der Anlage als Vereinslokal und als Restaurant genutzt. Seit der Aufstauung der Ruhr wird die Anlage von Wasser-

Marktplatz von Werden an der Ruhr

gräben umgeben, die heute als Bootsanlegestelle dienen, und vor dem Tor des Hofs ist der Parkplatz zum beliebten Bikertreff geworden.

Einkehr

Eine der schönsten Einkehrmöglichkeiten am Baldeneysee liegt am Südufer: das Haus am See. Das Restaurant im Fachwerkstil bietet nicht nur gute Küche, sondern hat auch eine schöne Wiese mit gemütlichen Liegestühlen zum Relaxen.

Villa Hügel Entlang der gesamten Radstrecke am Südufer können Sie einen freien Blick auf das gegenüberliegende Ufer genießen mit dem auffälligen Förderturm der Zeche Carl Funke und schönen, im Grün versteckten Villen. Über allen thront die monumentale Villa Hügel der Krupp-Dynastie. Kaum eine andere Familie hat das industrielle Ruhrgebiet mehr geprägt als die Krupps.
Zeichen ihres außergewöhnlichen Wohlstands ist der Stammsitz Am Hügel. Die Ausmaße sind enorm: 8100 Quadratmeter Wohn- und Nutzfläche, verteilt auf 269 Räume, und ein 28 Hektar großer Landschaftspark sind das Erbe des Stammvaters Alfred Krupp, der die überdimensionale Villa hoch über dem Baldeneysee ab 1870 in nur drei Jahren Bauzeit errichten ließ. Auch wenn die ab dem Uferradweg etwa 1,5 Kilometer lange Anfahrt zur Villa ziemlich schweißtreibend ist, sollten Sie es sich nicht entgehen lassen, die Villa Hügel zu besuchen. Zahlreiche historische und mit Holztäfelungen versehene Räume, Säle und Treppenhäuser beeindrucken die Besucher, wie auch das interessante Museum, das die Geschichte des damals zu den größten Industrieunternehmen Europas zählende Unternehmen und seine bahnbrechenden Erfindungen wie etwa den nahtlosen Radreifen zeigt. Die gesamte Villa kann ohne Führung besichtigt werden.

Blick auf das historische Zentrum von Kettwig

Orte zum Verweilen Geradeaus entlang der Großen Schleuse erreichen Sie schließlich Werden, das Sie weitgehend am Ufer durchqueren. Es lohnt sich aber, hier die Tour zu unterbrechen und sich etwas Zeit für Werden zu nehmen. Nach dem Zwischenstopp überqueren Sie die Ruhr und radeln am Bahnhof vorbei wieder am gleichen Uferweg nach Kettwig zurück. Im Stadtkern befinden sich stimmungsvolle Gassen und Plätze mit Bürgerhäusern im Fachwerkstil und guter Gastronomie, in der Sie sich kulinarisch verwöhnen lassen können.

3

An der Ruhr bei Hattingen

Romantischer Flussabschnitt

Leicht | 26 km | 2:30 Std.

Tourencharakter
Rundtour auf asphaltierten Radwegen, kleine ungeteerte Abschnitte sowie asphaltierte Radwege entlang von Landstraßen

Ausgangs-/Endpunkt
Parkplatz Henrichshütte, Henrichs-Allee, Hattingen

GPS-Daten
51°24'27.7"N 7°11'18.4"O

Anfahrt
Auto: Über die A3, Ausfahrt Witten-Herbede
Bahn: Mit der S-Bahn (S) zum Bahnhof Hattingen-Ruhr oder Hattingen-Mitte. Von hier sind es ca. 800 m bzw. 1,4 km bis zur Ruhrbrücke, wo die Route vorbeikommt.

Karte
ADFC-Regionalkarte radrevier.ruhr West, 1:50 000

Abkürzung
Bei der Eisenbahnbrücke Dahlhausen kann man die Ruhr überqueren und bereits zurückradeln.

Kombinierbar mit
Tour 2 und 4

Einkehr
Restaurant Zum Ponton, Dahlhausen, zumponton.de
Restaurant Bootshaus Ruhreck, Steele, www.bootshaus-ruhreck.de
Ruhr-Bodega La Costa, Dahlhausen, ruhr-bodega.de
Café Vollmond, Hattinger Altstadt, vollmond.ruhr
Restaurant Henrichshütte, Hattingen, henrichshuette-hattingen/lwl.org

Die Flusslandschaft nahe Hattingen bezaubert. Diese Tour führt durch einen der schönsten Abschnitte des Ruhrtals, an Wasserfällen und der Hattinger Ruhrschlinge entlang, durch Auenlandschaften, an Wiesen und Badestellen vorbei bis zum Ruhrbogen bei Steele. Radlertreffs am Ufer fehlen nicht und am Ende wartet die historische Altstadt von Hattingen, eine der reizvollsten der Region.

Zu den Hattinger Wasserfällen Start ist in Hattingen am Radknotenpunkt 86 direkt vor dem Besuchereingang des überaus interessanten LWL-Industriemuseums Henrichshütte Hattingen. Sie radeln in Richtung Ruhr und Knotenpunkt 78. Am Fluss halten Sie sich links und beachten den Wegweiser Bochum/Dahlhausen. Den Radschildern folgend erreichen Sie vor der

Kurze Pause an den kleinen Wasserfällen in der Ruhr bei Hattingen

Ruhrbrücke mit einigen Kehren zwei rauschende Wasserfälle, erstaunlich inmitten des Ruhrgebiets. Die kleinen, aber breiten Staustufen bieten eine wunderschöne Kulisse. Es empfiehlt sich, das Fahrrad kurz abzustellen und einfach die Landschaft zu genießen.

Linke Seite: Monumentales Relikt der Kohleindustrie: die Zeche Henrichshütte in Hattingen

Bezaubernde Natur Sie bleiben danach am südlichen Ruhrufer und setzen die Fahrt Richtung Bochum/Dahlhausen-Eisenbahnmuseum auf dem Ruhrtalradweg fort. Die Etappe verläuft direkt am Fluss und durchquert eine eingezäunte Kuhwiese, wo Sie Heckrindern begegnen, die zur Beweidung eingesetzt werden. Weiter geht es durch das Naturschutzgebiet Ruhraue Hattingen-Winz, das sich an beiden Ufern der Ruhrschlinge erstreckt und von Buhnen geprägt wird. Die Etappe folgt außerdem dem alten Leinpfad, auf dem früher Pferde eingesetzt wurden, um die Transportschiffe stromaufwärts zu ziehen.

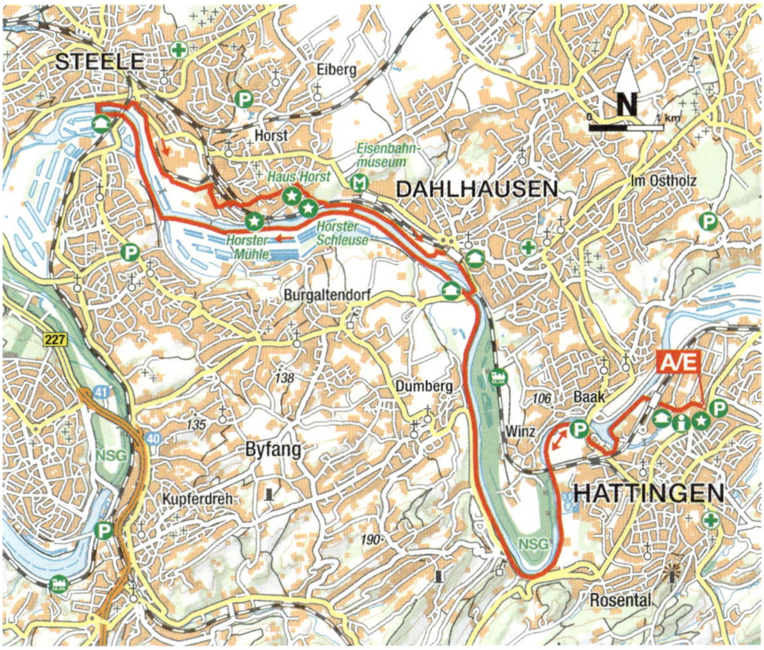

Unterwegs im Ruhrtal bei Dahlhausen

Sie gelangen unterwegs an eine Stelle mit der ursprünglichen Pflasterung des Pfads. Diese kurze alte Strecke ist aber nur Fußgängern zugänglich. Radfahrer müssen mit einem kleinen Bogen über die Landstraße diesen historischen Abschnitt umfahren. Bis Dahlhausen bleibt die Flusslandschaft fast unverändert und einfach schön.

An der Horster Schleuse Nach dem Radknotenpunkt 27 und dem Radlertreff Zum Ponton führt der Weg an der Schleuse Dahlhausen vorbei, eine der vielen Schleusen, die bereits im 18. Jahrhundert errichtet wurden. Immer am Fluss entlang geht es weiter Richtung Steele. Nach wenigen Kilometern erreichen Sie die Horster Schleuse, wo einige historische Denkmäler die Landschaft unterbrechen. Gegenüber der alten Schleuse steht die Horster Mühle. Von der historischen Wassermühle sind aber nur noch wenige Teile erhalten, die in einen Industriekomplex mit weithin sichtbarem Schornstein integriert wurden. Teile des industriellen Ensembles stehen unter Denkmalschutz. Ein weiterer Blickfang hier ist die Villa Vogelsang hoch über der Ruhr, die Anfang des 20. Jahrhunderts von der gleichnamigen Familie errichtet wurde und die Jahrzehntelang auch im Besitz der Industrieanlage war. Kurz vor Steele erreichen Sie noch eine kleine, alte Steinbrücke. Sie ist Teil des Holteyer Hafens, der 1837 für die Ruhr-

Ausweichroute

Bei Hochwasser können Teile des Ruhrtalradwegs zwischen Hattingen und Steele gesperrt sein. Großräumige Umfahrungen mit Ausschilderung sind vorhanden. Aktuelle Streckeninformationen erhalten Sie unter www.ruhrtalradweg.de.

schifffahrt als sogenannter Sicherheitshafen bei Eisgang, Unwetter, Niedrig- und Hochwasser angelegt wurde. Fast 50 Jahre später kam das Aus für den Hafen.

Blick von der Horster Schleuse auf die Horster Mühle

Zurück nach Hattingen Bei Steele geht es wieder über die Ruhr und Sie biegen direkt nach der Brücke rechts auf den Uferweg ein. Sie folgen nun den Radschildern durch Horst und gelangen schließlich geradeaus den Wegweisern Richtung Überruhr/Burgaltendorf folgend wieder zur Ruhr. Nahe einem Campingplatz fahren Sie auf einer Radbrücke über den Fluss und folgen ihm stromaufwärts zum Knotenpunkt 80. Hier überqueren Sie die Ruhr nochmals. Ein Tunnel führt am anderen Ufer zum Bochumer Eisenbahnmuseum. Die Route folgt aber weiterhin dem Flusslauf Richtung Dahlhausen. Der Fluss und die Wiesen am Ufer sind beliebtes Erholungsgebiet der Region und schon über 100 Jahre als Dahlhauser Flussbadeanstalt bekannt. Bei der S-Bahn-Station radeln Sie links hoch, überqueren die Gleise und folgen der Straße rechts bis zur kleinen Ruhrbrücke. Hier geht es nochmals über die Ruhr und Sie biegen dann gleich links auf den Radweg ab. Die letzte Strecke nach Hattingen zurück verläuft wieder auf dem schönen Uferweg durch das Naturschutzgebiet und an den Wasserfällen entlang. Die Wegweiser Hattingen-Altstadt leiten Sie schließlich ins hübsche Ortszentrum, das sich um die evangelische Sankt-Georgs-Kirche ausbreitet und mit schön renovierten Fachwerkhäusern einen Abstecher lohnt.

Fachwerk in der Hattinger Altstadt

4 Um den Kemnader See

Reizvolle Fluss- und Seenlandschaft

Mittel | 34 km | 3:00 Std.

Tourencharakter
Rundtour auf teils geteerten oder mit Kies befestigten Radwegen entlang der Ruhr sowie auf asphaltierten Nebenstraßen

Ausgangs-/Endpunkt
Parkplatz Henrichshütte, Henrichs-Allee, Hattingen

GPS-Daten
51°24'27.7"N 7°11'18.4"O

Anfahrt
Auto: Über die A43, Ausfahrt Witten-Herbede
Bahn: Mit der S-Bahn (S) zum Bahnhof Hattingen-Ruhr oder Hattingen-Mitte. Von hier sind es ca. 800 m bzw. 1,4 km bis zur Ruhrbrücke, wo die Route vorbeikommt.

Karte
ADFC-Regionalkarte radrevier.ruhr Ost, 1:50000

Abkürzung
Nicht weiter nach Witten, sondern bereits auf der Radbrücke vor der Burgruine Hardenstein ans andere Ruhrufer wechseln und zurückradeln

Kombinierbar mit
Tour 3 und 5

Einkehr
Restaurant Henrichshütte, Hattingen, henrichshuette-hattingen/ lwl.org
Café Vollmond, Hattinger Altstadt, vollmond.ruhr
Café/Restaurant See Nami, Kemnader See, www.seenami.de
Restaurant/Biergarten Haus Oveney, Kemnader See, haus-oveney.com

Eine angenehme Kombination aus Natur und Kultur, so lässt sich diese Rundtour kurz zusammenfassen. Sie führt durch die abwechslungsreiche Seen- und Flusslandschaft zwischen Hattingen und Witten und entlang historischer Highlights: Burgen, Schleusen, Zechen und eine 1000 Jahre alte Kirche. Die Fahrt mit der Ruhrtalfähre Hardenstein setzt das Pünktchen auf das i.

Ländliche Etappe Vom großen Parkplatz bei der Zeche Henrichshütte in Hattingen radeln Sie rechts Richtung Ruhr und Radknotenpunkt 78. Sie halten sich hier am Flussufer nach links Richtung Bochum/Dahlhausen, überqueren später die Bahn und die Ruhr auf der Ruhrbrücke Richtung Kemnader See/ Witten. Am anderen Ufer radeln Sie vorbei am Campingplatz Ruhrbrücke zum Fluss zurück. Der folgende Abschnitt führt

gemütlich zwischen Feldern und Wiesen an der Ruhr entlang sowie durch schattige Waldbestände. Sie erreichen die nächste Ruhrbrücke, die Sie auf dem Ruhrtalradweg unterqueren Richtung Kemnader See/Witten. Bei der nächsten Gabelung verlassen Sie kurz den Fluss und folgen geradeaus den Wegweisern Stiepel. Um das Dorf zu erreichen, müssen Sie kurz, aber kräftig in die Pedale treten. Am höchsten Punkt erblicken Sie die evangelische Dorfkirche des Bochumer Stadtteils Stiepel. Die Kirche kann auf eine über 1000-jährige Geschichte zurückblicken und zählt damit zu den ältesten noch erhaltenen Bauwerken Bochums. Das von außen schlicht wirkende Gotteshaus steht zusammen mit dem Kirchhof seit 1988 unter Denkmalschutz, was vor allem an den außergewöhnlichen mittelalterlichen Wandmalereien liegt, die lohnen, kurz einen Blick in die Kirche zu werfen.

Linke Seite: Wassersport am Kemnader See

Dorfkirche von Stiepel

Am Westufer des Kemnader Sees Immer geradeaus durch Stiepel radelnd geht es schließlich hinunter ans Westufer des Kemnader Sees, wo

Ehemaliger Eingang der Zeche Gibraltar am Kemnader See

Sie nach links dem Ruhrtalradweg folgen. Der Kemnader See ist ein beliebtes Naherholungsgebiet mit vielen Wassersportmöglichkeiten, Rad- und Wanderwegen. Die Ruhr wurde hier in den 1970er-Jahren aufgestaut und der See ist damit der jüngste der sechs Ruhrstauseen. Immer dem Ufer folgend radeln Sie im Uferbereich an einigen Restaurants und Strandbars entlang, aber auch an der Zeche Vereinigte Gibraltar Erbstollen, deren ehemaliges Betriebsgebäude heute als Bootshaus dient. Linkerhand passieren Sie das verschlossene Stollenmundloch der Zeche.

Immer dem See folgend gelangen Sie schließlich zum Knotenpunkt 24, wo die Route nach rechts weiter geht Richtung Witten und Knotenpunkt 85. Sie unterqueren die Autobahn und gelangen zur Radbrücke über die Ruhr, die Sie aber ignorieren und erst auf dem Rückweg benutzen werden. Die Tour verläuft geradeaus, dann gleich links und danach rechts weiter zur Ruhr. Der Fluss zeigt sich hier von einer seiner historischen Seiten: die von 1776 bis 1778 unter König Friedrich II. errichtete Herbeder Schleuse samt Schleusenwärterhäuschen im Fachwerkstil und Gaststätte mit schattigem Gastgarten.

Ein Highlight an der Ruhr: die Zeche Nachtigall in Witten

Kultur an der Ruhr Die Radfähre Hardenstein bei der Schleuse nutzen Sie erst auf der Rückfahrt. Sie radeln einfach geradeaus weiter und dabei kurz auf einem separaten Radweg entlang der Bundesstraße nach Witten. Sie verlassen die Straße am Ortsrand von Witten nach rechts auf dem ruhigen und schattigen Radweg Richtung Zeche Nachtigall. Auf dem Weg dorthin überqueren Sie die Ruhr auf der Nachtigallbrücke. Sie wurde 1988 für Radfahrer und Fußgänger errichtet und ersetzt die 1938 abgerissene Eisenbahnbrücke, über die zwischen 1850 und 1892 die von der Zeche geförderte Kohle mit einer Pferdebahn zum

Gut restauriert: die Reste der Burg Hardenstein

Bahnhof in Witten transportiert wurde. Nach der Überfahrt mit schöner Aussicht radeln Sie am anderen Ufer nach rechts durch den Wald. Schon bald wird die Zeche Nachtigall erreicht, ein ehemaliges Steinkohlebergwerk am Eingang des Muttentals, in dem bereits ab dem 17. Jahrhundert das »schwarze Gold« abgebaut wurde. 1892 kam das Aus für die Zeche. Heute befindet sich in mehreren Gebäuden das Westfälische Landesmuseum für Industriekultur, das mit verschiedenen Schwerpunkten die Geschichte der Zeche beleuchtet. Nach einem eventuellen Stopp bei der Zeche Nachtigall radeln Sie weiter Richtung Ruine Hardenstein, eine ehemalige Burg, deren Grundstein Mitte des 14. Jahrhunderts gelegt wurde. Der Radweg endet vorerst bei der Fähre, aber es lohnt sich, nach links zur Ruine zu radeln, die nur zwei Minuten von der Fähre entfernt liegt. Da die Fähre ständig pendelt, müssen Sie nicht auf bestimmte Fährzeiten achten. Nach der Besichtigung der Ruine steigen Sie an Bord der kostenlosen Fähre (Spenden erwünscht!) und genießen den 360-Grad-Blick auf die Fluss-

Fachwerk säumt den Radweg in Herbede.

Rechte Seite: Die Radfähre über die Ruhr bei Hardenstein bringt die Radler gratis ans andere Ufer.

landschaft, die malerisch im Wald liegende Burgruine und das sanft gewölbte Land ringsum. Am anderen Ufer lädt die Gaststätte bei der Herbeder Schleuse zur Einkehr ein.

Am anderen Seeufer retour Weiter geht es nun auf der gleichen Strecke zur bereits auf dem Hinweg passierten Radbrücke, die Sie nun benutzen. Nach der nächsten Brücke über den kleinen Bach biegen Sie zwischen Villa und Fachwerkhaus rechts auf einen Privatweg (Radfahren gestattet) ein, der bald zum Ostufer des Kemnader Sees führt. Der Radweg verläuft nun am Wasser entlang, unter der Autobahn hindurch und schließlich hinauf auf einen Damm durch den Wald. Sie radeln immer im Uferbereich des Sees und erreichen das Kemnader Wehr mit Einkehrmöglichkeit. Hier können Sie einen kurzen Abstecher zum Haus Kemnade machen, ein imposantes Wasserschloss mit Museum und Gastronomie.

Einkehr

Speisen in mittelalterlicher Atmosphäre im Haus Kemnade. Ob im Kamin- oder Turmzimmer oder auf der Terrasse im Innenhof, im Flair der 700 Jahre alten Wasserburg Kemnade gibt es vorzügliche Speisen à la carte (hauskemnade.de).

Lohnenswerter Stopp: das Restaurant im Haus Kemnade

Die Route geht allerdings über die Rad- und Fußgängerbrücke am Wehr weiter zum anderen Ufer und dann links Richtung Hattinger Altstadt. Es folgt eine genussvolle Strecke direkt an der Ruhr entlang, die hier an einigen Stellen zum Baden einlädt. In der Nähe von Hattingen radeln Sie hoch zur Ruhrbrücke Richtung Zeche Henrichshütte. Am anderen Ufer verlassen Sie die Straße wieder bei der zweiten Ampel nach rechts hinunter Richtung Bochum/Dahlhausen und Knotenpunkt 78. Sie gelangen so wieder zum angenehmen Radweg am Ruhrufer und zum Ausgangspunkt beim Industriemuseum Henrichshütte zurück. Zum Abschluss empfiehlt es sich, die Tour mit einer Besichtigung der wunderschön renovierten Hattinger Altstadt zu verbinden.

5 Am Hengsteysee und Harkortsee

Aktiv an Ruhrstauseen

Leicht | 35 km | 3:00 Std.

Tourencharakter
Rundtour auf asphaltierten Nebenstraßen und Radwegen; kurzer Abschnitt auf einem naturbelassenen Waldweg

Ausgangs-/Endpunkt
Parkplatz, Dortmunder Straße 98, Hagen

GPS-Daten
51°24'54.0"N 7°28'40.3"O

Anfahrt
Auto: Über die A 1, Ausfahrt Hagen Nord
Bahn: Jeweils eine Verbindung mit der Regionalbahn (RB) und der S-Bahn (S) zum Bahnhof Hagen-Vorhalle. Von hier sind es ca. 5 km zum Ausgangspunkt.

Karte
ADFC-Regionalkarte radrevier.ruhr Ost, 1:50 000

Kombinierbar mit
Tour 4, 6 und 7

Einkehr
Weinlokal Korkenzieher, Herdecke, www.korkenzieher-herdecke.de
Proto im Schiffwinkel, Herdecke, www.facebook.com/proto.herdecke
Restaurant Friedrichs, Strandweg 2, Alt-Wetter
Eiscafé Dolomiti, Alt-Wetter, eiscafe-dolomiti-inh-loreto-pelle.business.site

Diese Route führt um zwei Ruhrstauseen zwischen Hagen und Alt-Wetter, durch eine waldreiche Landschaft mit dem Wasser und schroffen Ardeygebirge fast ständig im Blick. Beide Seen sind Landschaftsschutzgebiete, aber Sie können sich auch an kulturellen Sehenswürdigkeiten erfreuen, wie in der Altstadt von Herdecke und am Wasserschloss Werdringen.

Erstes Ziel Herdecke Die Route startet am Hengsteysee beim Parkplatz an der Brücke in der Dortmunder Straße in Hagen. Sie folgen ab hier dem Ruhrtalradweg stromabwärts, am Südufer des Hengsteysees entlang. Der See mit seinen bewaldeten Ufern ist ein beliebtes Erholungsgebiet und zieht bei Schönwetter Kanuten, Segler, Stand-up-Paddler, Wanderer und Radfahrer an. Das gegenüberliegende Ufer wird vom Ardeygebirge überragt. Der von Steilhängen geprägte Höhenzug trennt

Gemütliche Holzbank am Ufer des Hengsteysees

den urbanen Großraum Dortmund vom grünen Ruhrtal. Interessant sind das Pumpspeicherwerk Koepchenwerk am Hang, benannt nach dem ehemaligen RWE-Vorstandsmitglied Arthur Koepchen, und das Laufwasserkraftwerk Hengstey am Ende des Sees. Es wurde 1920 mit einem Stauwehr in der Ruhr errichtet, wobei der Hengsteysee entstanden ist. Beim Stauwehr müssen Sie das Rad über eine alte Eisenbahnbrücke zum anderen Ufer schieben und genießen dabei den Blick auf den See samt Industriedenkmälern. Am Nordufer geht die Route jetzt links weiter am Fluss entlang Richtung Herdecker Zentrum. Auf dem Weg dorthin erblicken Sie zwischen den Bäumen noch das alte Wasserkraftwerk Stiftsmühle.

Historische Bogenbrücke am Radweg bei Herdecke

Freiheit von Alt-Wetter

Machen Sie einen kurzen Abstecher in die Freiheit von Alt-Wetter mit einem Ensemble aus mehreren Fachwerkhäusern, einer malerischen Burgruine und einem Rathaus mit auffallendem Turm. Belohnt werden Sie mit einer schönen Aussicht auf das Ruhrtal.

Blick auf die Freiheit von Alt-Wetter

Am Harkortsee Das über 800 Jahre alte Städtchen Herdecke liegt direkt an der Route. Gemütliche Lokale am Ufer laden zum Einkehren ein und die historische Herdecker Altstadt um das Bachviertel mit Fachwerkhäusern lohnt bestimmt einen Abstecher. Nach dem kurzen Ausflug in die Altstadt geht es weiter flussabwärts und unter einem Bogen des 1878 als Eisenbahnbrücke eröffneten Ruhr-Viadukts hindurch Richtung Alt-Wetter. Die Strecke führt erst noch durch ein Industriegelände, aber schon bald radeln Sie wieder am Ruhrtalradweg entlang des Harkortsees. Der Stausee ist etwas jünger als der Hengsteysee, aber ebenfalls ein beliebtes Naherholungsgebiet mit Wassersportmöglichkeiten. Die Steilhänge des Ardeygebirges begleiten die Route bis nach Alt-Wetter, wo die Radler bereits aus der Ferne von der Freiheit begrüßt werden.

Durch die Kaisbergaue Bei Alt-Wetter verlassen Sie die Hauptroute des Ruhrtalradwegs und es geht am anderen Ufer zurück. Sie überqueren auf einer Brücke am Ende des Harkortsees die Ruhr, fahren dann geradeaus auf dem Radweg entlang der Weststraße und folgen den Wegweisern nach links Richtung Herdecke. Es geht jetzt kurz durch ein Industriegebiet am Güterbahnhof, aber das lassen Sie nach dem Viadukt schon wieder hinter sich. Den Radschildern folgend gelangen Sie links-rechts zwischen Felder hindurch an eine T-Kreuzung. Hier geht die Radroute links auf einer Nebenstraße weiter. Etwas weiter rechts versteckt sich das schön restaurierte Wasserschloss Werdringen aus dem 13. Jahrhundert mit Museum und Restaurant im Hof, das Sie nicht versäumen sollten.

Die Tour geht ab der Kreuzung auf einer ruhigen Nebenstraße mit herrlichem Blick auf Alt-Wetter weiter. Beim Wald verlassen Sie schräg nach rechts die Nebenstraße und radeln auf einem Waldweg weiter. Die Strecke führt nun am Hang des 185 Meter hohen Kaisbergs entlang und links zum Naturschutzgebiet Kaisbergaue hinunter. Die Aue am Harkortsee erstreckt sich beim Ruhr-Viadukt, dem Sie bereits am Hinweg begegnet sind. Über eine Brücke gelangen Sie nochmals nach Herdecke, wo Sie zum

Fluss hinunterradeln und zunächst wieder dem Ruhrtalradweg zurück Richtung Schwerte folgen. Sie wechseln bei der Eisenbahnbrücke beim Laufwasserkraftwerk Hengstey aber nicht das Ufer, sondern radeln geradeaus auf einer Nebenstraße weiter. Es sind jetzt nur noch wenige Kilometer zurück zum Ausgangspunkt. Das Restaurant Proto im Schiffwinkel mit mediterraner Küche ist noch eine gute Gelegenheit für eine letzte Pause. Sie radeln danach um das Pumpspeicherwerk Koepchenwerk herum und folgen dem stillen Radweg zwischen Ufer und bewaldeten Steilhängen des Ardeygebirges, bis Sie schließlich wieder die Brücke erreichen, wo es nach rechts zum Startpunkt geht.

Schatten am Ruhrtalradweg bietet das Naturschutzgebiet Kaiserbergaue.

Einkehrmöglichkeit und Museum: das Wasserschloss Werdringen

6

Ruhr und Natur nahe Schwerte

Faszinierende Auenlandschaften

Mittel | 40 km | 4:00 Std.

Tourencharakter
Rundtour auf größtenteils asphaltierten Radwegen und Nebenstraßen; ein kurzer Abschnitt entlang der Landstraße und einer entlang einer Bundesstraße

Ausgangs-/Endpunkt
Parkplatz, Dortmunder Straße 98, Hagen

GPS-Daten
51°24'54.0"N 7°28'40.3"O

Anfahrt
Auto: Über die A1, Ausfahrt Hagen Nord
Bahn: Jeweils eine Verbindung mit der Regionalbahn (RB) und der S-Bahn (S) zum Bahnhof Hagen-Vorhalle. Von hier sind es ca. 5 km zum Ausgangspunkt.

Karte
ADFC-Regionalkarte radrevier.ruhr Ost, 1:50000

Kombinierbar mit
Tour 5 und 7

Einkehr
Café Herrlich, Schwerte, www.cafe-herrlich.de
Lo'canta, Schwerte, locantatapas.de

Bunte Wiesen, Getreidefelder, romantische Auen und Waldstücke begleiten diese Rundtour auf den ersten Kilometern bis in die hübsche Kleinstadt Schwerte. Danach geht es an der anderen Uferseite der Ruhr etwas erhöht mit schönen Fernsichten wieder retour.

Start am Hengsteysee Vom Parkplatz an der Brücke in der Hagener Dortmunder Straße geht es zunächst zum Nordufer des Sees. Sie folgen dann nach rechts dem Radwegweiser Schwerte und radeln auf dem Ruhrtalradweg entlang des Nordufers. Der Hengsteysee ist einer der schönsten Stauseen und beliebtes Ziel für Erholungssuchende aus den Ruhrmetropolen. Wanderer und Radler teilen sich denn auch den Uferweg – ein etwas schmaler Weg, aber sehr idyllisch durch die Lage zwischen Wasser und Steilhängen des Sybergs. Bald lassen Sie den See hinter sich und es wird ruhiger. Die Route verläuft jetzt durch

Gemütliche Terrassencafés am Marktplatz von Schwerte

schattigen Wald entlang des Naturschutzgebiets Ruhraue Syburg und unterquert kurz danach die Autobahn. Sie halten sich an die Wegweiser Schwerte-Ruhr und erblicken schon bald wieder den Fluss. Die Ruhr strömt hier malerisch zwischen Wiesen und Feldern hindurch.

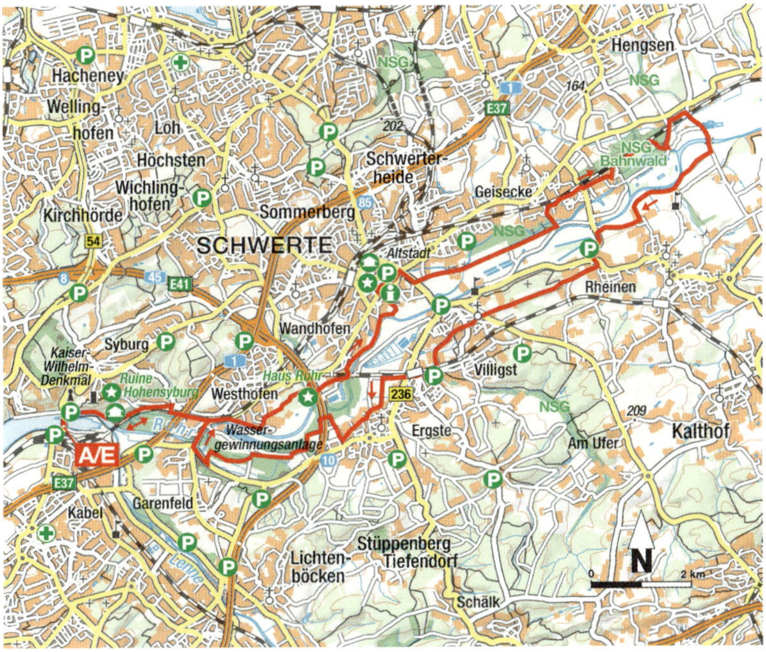

Zwischenstopp Schwerte

In Westhoven überqueren Sie die Straße schräg rechts und radeln am Dorfrand weiter. Die Strecke schlängelt sich nun durch Wald und erreicht das Wasserschloss Haus Ruhr, in dem die private Ruhrakademie untergebracht ist. Einen Blick in den Innenhof kann man aber werfen. Kurz nach den Stopp halten Sie sich rechts und dann nochmals rechts. Sie gelangen so zum Parkplatz des Schlosses. Nach der Unterquerung der Autobahn verläuft die Route durch ein Waldstück und Sie können zwischen den Bäumen hindurch schöne Aussichten auf die sanft gewellte Landschaft genießen. Den Radschildern durch Wandhofen folgend gelangen Sie wieder ans Ruhrufer und lassen sich anschließend links von den Wegweisern ins Schwerter Zentrum leiten. Die sehenswerte Ruhrstadt eignet sich gut für einen Stopp. Um die Kirche schmiegt sich die historische Altstadt mit stimmungsvollen,

Im Innenhof des Schlosses Haus Ruhr in Schwerte-Wandhofen

Schöner Rastplatz im Naturschutzgebiet Bahnwald

von Fachwerkhäusern gesäumten Gassen und einem netten Marktplatz mit Restaurants zum Einkehren.
Die Radwegweiser Ruhr führen Sie von der Altstadt hinaus wieder zurück zum Ruhrtalradweg, dem Sie links Richtung Fröndenberg folgen. Unter der Landstraße hindurch verlassen Sie schließlich Schwerte.

Schattiger Abschnitt des Radwegs beim Haus Schwerte

Durch den Bahnwald Die Strecke nach Schwerte ist ländlich und verläuft im Uferbereich der Ruhr zwischen Getreidefeldern und Wiesen. Bei Geisecke verlassen Sie den Ruhrtalradweg nach links. Im Dorf halten Sie sich rechts. Sie durchqueren es geradeaus und gelangen so zum Naturschutzgebiet Bahnwald, das Sie links auf dem Kuhweg im Zickzack durchqueren. Schließlich stoßen Sie auf eine Nebenstraße und erreichen nach rechts am Radknotenpunkt 37 wieder den Ruhrtalradweg. Sie folgen ihm zunächst zurück Richtung Schwerte bis Knotenpunkt

Radbrücke bei Schwerte-Ergste

Blick auf die Einmündung der Lenne in die Ruhr

25 und überqueren dabei die Ruhr. Am Knotenpunkt verlassen Sie den Ruhrtalradweg erneut und biegen links auf die Nebenstraße Richtung Iserlohn ein. Die Straße steigt nun allmählich an. An der T-Kreuzung folgen Sie den Radschilder nach links, dann nach rechts und erreichen auf der Dorfstraße den Knotenpunkt 27.

Hoch über dem Ruhrtal Die Tour geht bei Knotenpunkt 27 rechts weiter auf einer ruhigen Nebenstraße Richtung Villigst, hoch über dem Ruhrtal. Im Auf und Ab geht es nun durch ländliches Gebiet. Sie durchqueren Villigst geradeaus und lassen das Rad dann nach Ergste hinunterrollen. Sie halten sich im Ort rechts, radeln am Bahnhof vorbei und queren an der Ampel die Straße geradeaus. Jetzt sind Sie wieder im Uferbereich der Ruhr. Sie biegen links auf die Radroute Richtung Bathey/Boele ein, die durch Ergste Unterdorf führt. Sie verlassen beim Gartenverein den Ort nach rechts und unterqueren dann die Autobahn. Die letzte Strecke führt gemütlich durch das Naturschutzgebiet Alter Ruhrgraben mit Auwaldresten und Altruhrarmen. Der Weg endet an der Landstraße, wo Sie nach rechts die Ruhr überqueren. So gelangen Sie wieder auf den Ruhrtalradweg, und es ist nicht mehr weit zum Hengsteysee und dem Ausgangspunkt zurück.

Einkehr

Ein perfekter Ort, um die Tour ausklingen zu lassen, ist die einfache Gaststätte Zur Lennemündung unterhalb des Campingplatzes Hohensyburg direkt am Nordufer der Ruhr. Von der höher liegenden Terrasse hat man einen wunderschönen Ausblick über das Wasser.

7 An der Lenne

Malerischer Seitenfluss der Ruhr

Leicht | 24 km | 2:00 Std.

Tourencharakter
Rundtour auf meist gepflasterten Radwegen; Abschnitte mit Kies- und Asphaltdecke

Ausgangs-/Endpunkt
Parkplatz, Dortmunder Straße 98, Hagen

GPS-Daten
51°24'54.0"N 7°28'40.3"O

Anfahrt
Auto: Über die A 1, Ausfahrt Hagen Nord
Bahn: Jeweils eine Verbindung mit der Regionalbahn (RB) und der S-Bahn (S) zum Bahnhof Hagen-Vorhalle. Von hier sind es ca. 5 km zum Ausgangspunkt.

Karte
ADFC-Regionalkarte radrevier.ruhr Ost, 1:50 000

Kombinierbar mit
Tour 5 und 6

Einkehr
Café/Restaurant Fachwerk, Herrenstraße 4, Hohenlimburg
Café Lennebad, am Radweg kurz vor der Autobrücke über den Fluss in Hohenlimburg

Auf dieser Tour entdecken Sie den unteren Abschnitt der Lenne von ihrer Mündung durch Auenlandschaften bis zum Städtchen Hohenlimburg. Die gesamte Route verläuft auf sicheren Radwegen und Radbrücken abseits vom Straßenverkehr. Sie eignet sich deshalb perfekt für eine Familienradtour mit Kindern.

Idyllisch und fast unberührt: die Ufer der Lenne

Schöne Raststelle an der Lenne, wo sich auch die Füße abkühlen lassen

Im Mündungsgebiet der Lenne Diese gemütliche Radtour startet am großen Parkplatz bei der Brücke über dem Hengsteysee. Von hier aus geht es Richtung Osten, wobei Sie die stark frequentierte Straße überqueren oder auf dem Radweg entlang des Seeufers unterqueren können. Welchen Weg Sie auch nehmen werden, danach geht es geradeaus am schönen Hengsteysee entlang Richtung Iserlohn. Sie befinden sich bereits auf dem Lenne-Radweg. Links von Ihnen, hoch über dem Seeufer, thront auf dem rund 245 Meter hohen Syberg das 34 Meter hohe Kaiser-Wilhelm-Denkmal. Es wurde 1902 eingeweiht, 30 Jahre später wieder umgestaltet und ist den Soldaten des Deutsch-Französischen Kriegs von 1870 und dem Kaiserreich von 1871 bis 1918 gewidmet. Einen Steinwurf von diesem monumentalen Bauwerk entfernt erhebt sich der achteckige, 26 Meter hohe Vincketurm, der 1857 als Aussichtsturm aus Ruhrsandstein errichtet wurde und von dem aus sich eine atemberaubende Aussicht auf das Ruhrtal mit Hengsteysee und Harkortsee sowie das Lennetal bietet. Ein paar Gehminuten weiter östlich ragen die Überreste der Hohensyburg über die Baumwipfel. Um die Bauwerke wurde ein schöner und bei Tagesausflüglern beliebter Park angelegt. Die Steilhänge am Seeufer sind als Naturschutzgebiet Ruhrsteilhänge Hohensyburg ausgewiesen.
In Höhe der Eisenbahnbrücke über den See stoßen Sie schließlich auf die Mündung der Lenne in die Ruhr. Hier macht

Streckenhinweis

Auf vielen Radkarten wird eine Radroute von Hohenlimburg ins 8 Kilometer entfernte Hagen angegeben. Es gibt aber keinen separaten Radweg, sondern nur einen Mehrzweckstreifen auf der stark befahrenen B 7. Weil die Sicherheit im Vordergrund steht, möchten wir diese Strecke nicht empfehlen.

der Radweg einen Bogen nach rechts und führt Sie direkt am Rande der Lenne-Auenlandschaften weiter.

Ganz oben: Fachwerk in der Altstadt von Hohenlimburg

Oben: Unterwegs im Lennepark von Hohenlimburg

Rechts und links der Lenne Ab und an ist unterwegs das dunkle Wasser der Lenne sichtbar oder es schimmert durch das Grün am Rand des Radwegs. Mal fließt die Lenne ruhig dahin, mal zeigt sie sich mit kleinen Stromschnellen etwas wilder. Nach dem Radknotenpunkt 64 folgen Sie den Radschildern Iserlohn/Hohenlimburg und überqueren die Lenne auf einer Radbrücke nach links. Dieser Flussabschnitt ist beliebt bei Fliegenfischern, die im seichten Wasser ihr Glück versuchen. Nach der Brücke folgen Sie dem Radweg am rechten Ufer bis Hohenlimburg. Immer wieder öffnen sich herrliche Aussichten auf den Fluss und Sie haben auch die Möglichkeit, einen Stopp am Flussufer einzulegen. Am Stadtrand von Hohenlimburg wurde ein kleiner Park mit Bänken im Uferbereich angelegt, die nicht nur zu einem Stopp einladen, sondern von denen man auch einen schönen Blick auf die Stadt hat.

Hohenlimburg Schon von Weitem weist das wehrhafte Schloss auf das Städtchen Hohenlimburg hin. Immer geradeaus bis zur zweiten Lennebrücke in Hohenlimburg radelnd, geht es dann rechts über die Brücke und dann wieder rechts zur Innenstadt. Nach links führt ein steiler Weg hoch zum Schloss Hohenlimburg, eine weitgehend im mittelalterlichen Originalzustand erhaltene Burg aus dem 13. Jahrhundert, die heute im Besitz des Fürstenhauses von Bentheim-Tecklenburg ist. Das Schloss ist leider nur mit Führung zu besichtigen, aber wer den Aufstieg nicht scheut, der wird oben mit einer wunderschönen weiten Aussicht belohnt.

Blick auf Hohenlimburg mit dem hoch über der Stadt liegenden Schloss

Das im Grenzbereich von Sauerland und Ruhrgebiet liegende Hohenlimburg kann auf eine sehr abwechslungsreiche und vielfältige Geschichte zurückblicken. Doch ist die Stadt heute nicht mehr selbstständig, sondern als Stadtteil in die kreisfreie Stadt Hagen eingegliedert. Die übersichtliche historische Innenstadt gruppiert sich um den Marktplatz, wo unterschiedliche Gastronomiebetriebe mit Straßenterrasse zu einer Einkehr einladen.

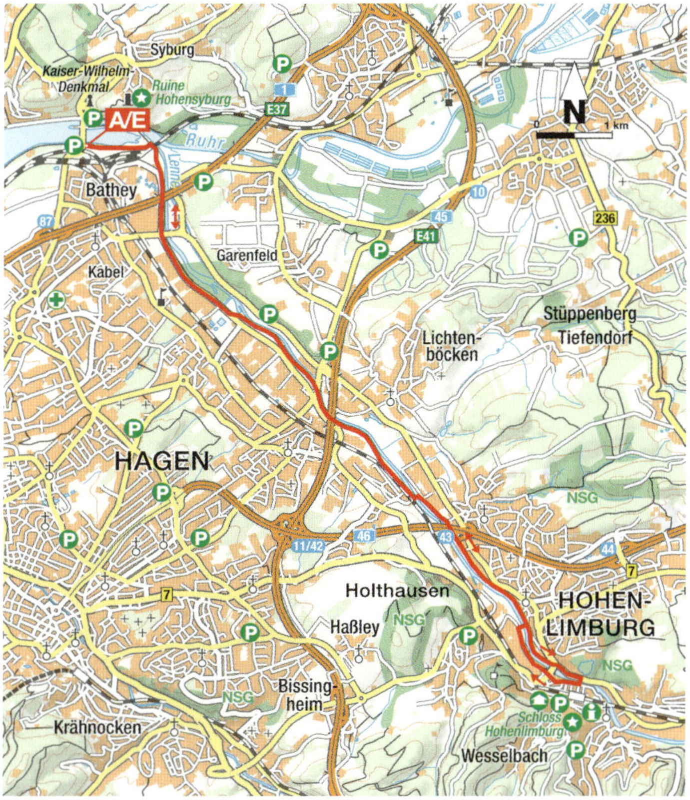

Nach einer eventuellen Pause am Marktplatz geht es durch die Straße Im Weinhof wieder zurück, vorbei an der Pfarrkirche, auffallenden weiß-grünen Jugendstilgebäuden und dem Wildwasserzentrum der Stadt bis zur blauen Radbrücke, wo Sie die Lenne überqueren und am anderen Ufer gemütlich auf dem gleichen Radweg zurückradeln.

8 Im Ruhrtal bei Fröndenberg

Natur auf den letzten Flusskilometern im Revier

Mittel | 20 km | 2:30 Std.

Tourencharakter
Rundtour auf asphaltierten Radwegen, Nebenstraßen und Wirtschaftswegen

Ausgangs-/Endpunkt
Parkplatz beim Fröndenberger Bahnhof, Bahnhofstraße 13

GPS-Daten
51°28'16.3"N 7°45'50.7"O

Anfahrt
Auto: Fröndenberg liegt nahe der B 233 und B 7.
Bahn: Täglich mehrere Verbindungen mit der Regionalbahn (RB) und dem Regional-Express

Karte
ADFC-Regionalkarte radrevier.ruhr Ost, 1:50 000

Kombinierbar mit
Tour 6

Einkehr
Café Melange, Markt 8, Fröndenberg
Bistro Am Brunnen, Fröndenberg, www.cafebistroambrunnen.de
Niehaves Kaffeemühle, Hauptstraße 7, Wickede
Restaurant Erlenhof, Wickede, www.facebook.com/Erlenhof.Wickede

Auf dieser Radrunde entdecken Sie die Ruhe und Schönheit des Ruhrtals am Ostrand des Reviers. Sie führt von Fröndenberg auf dem Ruhrtalradweg durch die Naturschutzgebiete Kiebitzwiese und Obergraben nach Wickede. Zurück geht es durch eine äußerst ruhige, landwirtschaftlich geprägte Region oberhalb der Ruhr, fast an der Grenze zum Sauerland.

Start in Fröndenberg Die beschauliche Kleinstadt Fröndenberg liegt wunderschön an der Ruhr, am Fuße des Höhenzugs Haarstrang, der das stille Tal vom städtischen Treiben trennt. Der Parkplatz am Bahnhof ist Ausgangspunkt dieser Radroute, die durch die Bahnhofsstraße zur Innenstadt führt. Sie stoßen dabei direkt auf den netten Himmelmannpark am Flussrufer, ein Er-

Architektonischer Mix in der Altstadt von Fröndenberg

holungsgebiet für Jung und Alt. Bevor Sie so richtig in die Pedale treten, empfiehlt sich noch ein kurzer Abstecher im Park zum Ruhrbalkon. Von hier aus haben Sie freien Blick auf den Fluss, der hier mit seinem Wehr eine besonders schöne Seite zeigt. Früher stand hier übrigens die Papierfabrik Himmelmann, die in den 1980er-Jahren geschlossen und größtenteils abgerissen wurde. Ein historischer Papiertrichter ist im Park noch erhalten und im auffälligen ehemaligen Magazingebäude ist heute das Westfälische Kettenschmiedemuseum untergebracht. Das Museum wurde 1999 eröffnet und bringt Ihnen die Geschichte und die Herstellungstechnik von Eisenketten näher, von der händischen bis zur automatisierten Produktion. Sie können den Museumsbesuch für das Ende der Tour aufheben. Dann haben Sie vielleicht auch noch Zeit und Lust, um einen Blick auf den kleinen, gepflegten Marktplatz in der Innenstadt und in das Wahrzeichen von Fröndenberg, die fast 800 Jahre alte Stiftskirche, zu werfen.

Himmelmannpark an der Ruhr in Fröndenberg

Richtung Wickede Beim Park folgen Sie den Radschildern Richtung Wickede und dem Symbol des Ruhrtalradwegs.

Gut asphaltierter Radweg am Rande der Kiebitzwiese

Rechte Seite oben: Kunst am Ruhrufer in Wickede

Rechte Seite unten: Kettenschmiedemuseum von Fröndenberg

Wegweiser und Infotafel im Naturschutzgebiet Obergraben

Die Route führt zuerst durch die Bismarckstraße, kurz an den Gleisen entlang und dann rechts durch die Graf-Adolf-Straße weiter. Sie folgen dieser Straße durch die Stadt und radeln schon bald an der Fröndenberger Ruhraue entlang. Dieser fast unberührte Auenwald ist Teil des rund 43 Hektar großen Naturschutzgebiets Kiebitzwiese, das als Rast- und Brutplatz für viele Wasser- und Singvogelarten dient. Wie der Name bereits andeutet, ziehen in diesem Gebiet auch die Kiebitze ihre Jungvögel auf.

Die Route verläuft anschließend auf einem separaten Radweg entlang der Landstraße, geht nach einem Bach rechts weiter und führt dann durch eine hübsche Allee, von wo aus Sie

bereits einen schönen Blick auf Wickede haben. Sie erreichen schließlich den Radknotenpunkt 73, wo Sie nach rechts durch den Auenwald des Naturschutzgebiets Obergraben mit der Alten Ruhr radeln, das zur Erhaltung bestimmter Pflanzen und Tiere eingerichtet wurde. Bei Wickede stößt der Radweg wieder auf die Ruhr und auf den Knotenpunkt 82. Kunstwerke säumen hier die Radstrecke am Flussufer in Wickede, und Liegestühle laden zu einem kurzen Zwischenstopp ein. Die Radroute verabschiedet sich in Wickede vom Ruhrtalradweg und wechselt auf die andere Seite des Flusses.

Eine ländliche Strecke Der andere Uferbereich der Ruhr wird vorwiegend von Hügelland geprägt. Sie überqueren beim Knotenpunkt 82 den Fluss und biegen gleich nach der Brücke rechts in die Straße Am Graben ein. Die Route führt jetzt an der anderen Seite des Naturschutzgebiets Obergraben entlang. Den Radschildern folgend und sich immer links haltend, radeln Sie allmählich hoch. Sie erreichen die Bundesstraße, der Sie rechts auf einem separaten Radweg folgen und die Sie auch gleich wieder nach rechts Richtung Fröndenberg verlassen. Der letzte Abschnitt ist ein richtiger Genuss für Radler. Er verläuft etwas im Zickzack durch ausgedehnte Felder und Wiesen, mit Fernsichten und weit weg vom Straßenverkehr. Zum Schluss stößt die Route kurz vor Fröndenberg wieder auf die Landstraße, der Sie nach rechts auf einem separaten Fahrradstreifen zur Ruhr folgen. Am anderen Ufer radeln Sie dann rechts zum Park und zur Innenstadt von Fröndenberg zurück, wo Sie die Tour in einem Eiscafé, Restaurant oder einer Konditorei gemütlich ausklingen lassen können.

Schmiedekunst

Jeden ersten Sonntag im Monat finden im Westfälischen Kettenschmiedemuseum mehrmals über den Tag verteilt Schmiedevorführungen statt, die einen interessanten Einblick in die fachmännische, aber schwere Arbeit geben.

Quer durchs Ruhrgebiet

Bogenbrücke im Nordsternpark von Gelsenkirchen (Tour 12) (o. li.). Türme des Schiffshebewerks Henrichenburg (Tour 11) (o. re.). Blick auf das schöne Schloss Oberhausen (Tour 13) (u. re.). Am Rhein-Herne-Kanal in Oberhausens Stadtteil Neue Mitte (Tour 12) (u. li.).

9 Von der Ruhr zur Emscherquelle

Anspruchsvoll, aber landschaftlich reizvoll

Schwer | 31 km | 3:30 Std.

Tourencharakter
Rundtour auf asphaltierten Nebenstraßen, Wirtschafts- und Radwegen entlang der Ruhr

Ausgangs-/Endpunkt
Parkplatz beim Bahnhof in Schwerte, Bahnhofstraße 1

GPS-Daten
51°26'29.1"N 7°33'35.9"O

Anfahrt
Auto: Schwerte ist über die A1, A45 und die B236 leicht zu erreichen.
Bahn: Gute Verbindungen mit der Regionalbahn (RB) und dem Regional-Express (RE)

Karte
ADFC-Regionalkarte radrevier.ruhr Ost, 1:50000

Kombinierbar mit
Tour 6

Einkehr
Emscherquellhof, Holzwickede, www.eglv.de/emscher/emscher-hoefe
Bistro im Haus Opherdicke, www.kreis-unna.de/haupt navigation/kultur-tourismus/ausflugsziele/haus-opherdicke

Diese Runde fordert auch geübte Radfahrer heraus. Der Start ist gemächlich. Die erste Etappe verläuft von Schwerte durch das ruhige Ruhrtal. Die schwierigere Strecke führt dann über den Höhenzug Haarstrang mit schönen Fernsichten zur Quelle der Emscher in Holzwickede. Die Natur steht im Vordergrund. Kultur wartet im Haus Opherdicke, einem lohnenswerten Stopp am Rückweg.

Am Ruhrtalradweg Am Schwerter Bahnhof beginnt diese Runde. Mit dem Bahnhof im Rücken radeln Sie geradeaus durch die Bahnhofsstraße bis zur Fußgängerzone. Hier halten Sie sich rechts Richtung Rohrmeisterei. Sie folgen den Radschildern durch den Ort zur Rohrmeisterei, einer ehemaligen Pumpstation, die als Schwerter Kulturzentrum mit nettem Restaurant eine neue Funktion bekommen hat. Hier radeln Sie geradeaus

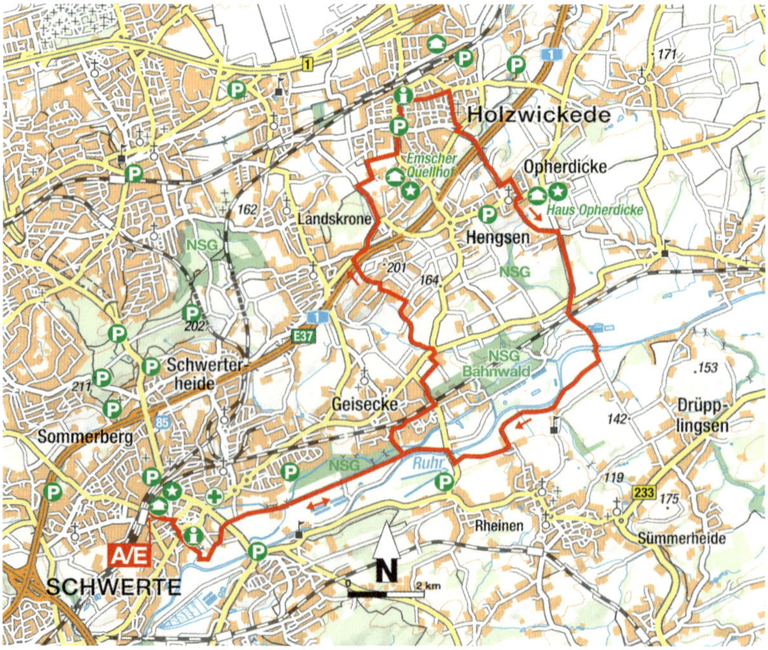

Aussichtspunkt mit Infotafel an der Quelle der Emscher

über den Parkplatz und erreichen am Ende den Radweg, dem Sie nach rechts Richtung Ruhr folgen. Danach halten Sie sich an die Wegweiser nach Fröndenberg. An einer Kleingartenanlage entlang und unter der Straße hindurch verlassen Sie schließlich Schwerte. Die Strecke folgt jetzt dem Ruhrtalradweg durch eine ruhige, von Landwirtschaft geprägte Landschaft. Sie verlassen den Ruhrtalradweg links Richtung Geisecke.

Hoch zur Emscherquelle In Geisecke halten Sie sich rechts und an der Kreuzung biegen Sie links auf eine Nebenstraße Richtung Holzwickede ein. Sie unterqueren die Gleise und folgen dann dem Radschild nach rechts. Die Radroute führt zwischen Feldern hindurch, macht dann eine Links-Rechts-Kurve und überquert eine Straße. Sie biegen anschließend gleich links auf die Talstraße ein und radeln weiter am Mühlenstrang entlang. Jetzt geht es hoch über den Haarstrang Richtung Holzwickede. Genießen Sie die Fernsichten am höchsten Punkt, bevor die Route die Autobahn quert. Anschließend führt die Tour rechts mit einer letzten kurzen Steigung nach Dudenroth hinein, wo Sie sich an der Gabelung links halten Richtung Emscherquellhof. Schließlich führt die Route an einer Häuserzeile vorbei auf eine Nebenstraße und nach rechts direkt zum idyllisch gelegenen Hof mit dem Quellbereich der Emscher. Das 1801 erbaute, aus Stall, Haupt- und Backhaus bestehende Gehöft im Fach-

Haus Opherdicke war einst durch einen Burggraben geschützt.

werkstil war bis 2003 in Privatbesitz, wurde 2004 von der Essener Emschergenossenschaft erworben und danach aufwendig restauriert. Heute wird der Hof vorwiegend als Seminar-, Schulungs- und Ausstellungszentrum genutzt. Das Restaurant mit Gartenterrasse eignet sich nach dem Aufstieg für einen ersten Stopp.

Zum Haus Opherdicke Nach der Pause am Emscherquellhof geht es hinter dem Eingang rechts weiter auf dem Luftschachtweg zum Emscherpark und Radknotenpunkt 42 im Ortszentrum von Holzwickede. Am Knotenpunkt halten Sie sich rechts und radeln an der Kirche entlang Richtung Opherdicke. Immer den Radschildern folgend überqueren Sie wieder die Autobahn und folgen kurz darauf dem Wegweiser links Richtung Unna/Billmerich zum Knotenpunkt 36. Hier biegen Sie nach rechts zum Ortszentrum von Opherdicke ab, wo Sie sich nach links Richtung Haus Opherdicke halten. Die ehemalige Ritterburg wurde erstmals im 12. Jahrhundert erwähnt. Im 17. Jahrhundert wurde die Burg zum heutigen Wasserschloss umgebaut. 1980 erwarb die Kreisverwaltung Unna das Anwesen. Nach einer umfangreichen Sanierung in den 1980er-Jahren und 2011 können heute Kunstausstellungen und der gepflegte Skulpturengarten bewundert werden. Das Schlossbistro mit einem erholsamen Gastgarten sorgt unter anderem mit Kaffee und Kuchen fürs leibliche Wohl.

An der Ruhr zurück nach Schwerte Vom Haus Opherdicke verlassen Sie den Ort. Sie radeln noch ein kurzes Stück an der Straße entlang und können dann das Rad nach rechts hinunterrollen lassen zur Ruhr Richtung Fröndenberg/Schwerte und zum Knotenpunkt 37. Wieder im Ruhrtal beim Knotenpunkt 37 angelangt, folgen Sie nun dem Wegweiser nach Schwerte und dem Ruhrtalradweg zum Knotenpunkt 22 und weiter im Uferbereich der Ruhr zum Knotenpunkt 25. Sie folgen hier nach rechts kurz der Landstraße, überqueren die Ruhr und halten sich dann links. Die letzte Etappe führt am gleichen Radweg nach Schwerte zurück. Die historische Altstadt mit ihren hübschen Fachwerkhäusern und dem netten Marktplatz lädt zum Schluss der Tour noch zum Verweilen ein.

Einkehr im Haus Opherdicke

Das Bistro im Haus Opherdicke lohnt in jedem Fall, schon alleine wegen der schönen Gartenterrasse. Serviert werden herzhafte Gerichte wie Quiche, Brotzeitteller und verschiedene Flammkuchen (montags geschlossen, ansonsten von 11–17.30 Uhr geöffnet, am Wochenende bis 20 Uhr).

Das Terrassencafé im Haus Opherdicke eignet sich für einen Stopp.

10

An der neuen Emscher

Naturnah und fast idyllisch

Leicht | 23 km | 2:00 Std.

Tourencharakter
Rundtour auf befestigten Kiesradwegen und asphaltierten Straßen

Ausgangs-/Endpunkt
Parkplatz am Waltroper Schleusenpark, Zum neuen Hebewerk 2, Waltrop

GPS-Daten
51°37'05.9"N 7°19'52.6"O

Anfahrt
Auto: Über die A2 und dann weiter über die B235
Bahn: Keine Anreisemöglichkeit

Karte
ADFC-Regionalkarte radrevier.ruhr Ost, 1:50000

Kombinierbar mit
Tour 11

Einkehr
Café Kortmann, Waltrop, restaurant-kortmann.de
Restaurant Volksgarten, Mengede, www.volksgarten-mengede.de

Die Emscher, ein Nebenfluss des Rheins, fließt quer durchs Zentrum des Ruhrgebiets. Aber der Strukturwandel hat auch vor der Emscher keinen Halt gemacht. Viele Bereiche des Flusses wurden und werden naturnah umgestaltet. Auf dieser Strecke des Emscher-Radwegs zwischen Datteln und Dortmund spüren Sie diesen Wandel und der Fluss präsentiert sich fast schon idyllisch.

Viel Grün am Ufer der renaturierten Emscher

Vorbei an Zeitzeugen zur Emscher Der Startpunkt des Rundkurses liegt nahe dem Schiffshebewerk Henrichenburg (Tour 11). Vom Parkplatz beim großen, modernen Waltroper Schleusenpark radeln Sie rechts hoch und nach der Schranke nochmals nach rechts. Der Radweg führt jetzt durch die beeindruckende Schachtschleuse direkt hinunter zur Marina Henrichenburg. Sie halten sich links und folgen den Radbeschilderungen zum Schiffshebewerk. In einem Bogen nach links kommen Sie zum Eingang dieses Industriemonuments. Danach geht es rechts zum Rhein-Herne-Kanal. Nach ein paar Kilometern am Kanal entlang, radeln Sie vor der Wartburgstraßenbrücke links vorbei am Archäologischen Park Henrichenburg. Bei Bauarbeiten Mitte der 1990er-Jahre stieß man zufällig auf die Überreste einer Burg, die erstmals 1263 in einer Urkunde als Anwesen des Ritters von Henrichenburg erwähnt wurde. Von hier stammt denn auch der Name des heutigen Stadtteils. Ende des 18. Jahrhunderts wurde die Burg vollständig abgerissen. Über den noch vorhandenen, aber verborgenen Fundamenten wurde schließlich der Grundriss der Henrichenburg nachvollzogen, sodass man einen guten Eindruck vom Umfang des einstigen Bauwerks hat. Tafeln an fast jeder Ecke des Grundrisses liefern dazu interessante Informationen zu dieser einst imposanten Burg.

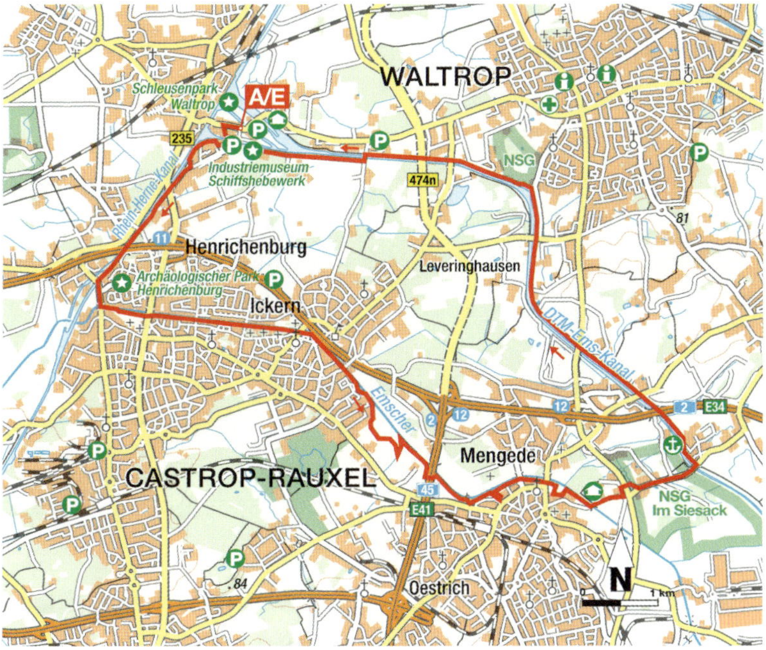

Sie verlassen hier den Kanal, überqueren die Ampelkreuzung geradeaus in Richtung Habinghorst und folgen kurz der stark befahrenen Straße. Gleich nach der Emscherbrücke zweigt die Route links auf dem Emscher-Radweg Richtung Ickern und Dortmund-Zentrum ab.

An der Emscher entlang Nun radeln Sie gemütlich auf einem schattigen Kiesweg immer geradeaus entlang der Emscher. Zwischen den Bäumen und Sträuchern haben Sie manchmal

Fundamente im archäologischen Park Henrichenburg

den Fluss im Blick. Vorsicht: Einige Male kreuzt die Strecke eine stark frequentierte Straße, die Sie überqueren müssen. Und nicht immer ist die Beschilderung deutlich oder vorhanden. Achten Sie deshalb auf das Emscher-Radweg-Symbol oder die blau-weißen Metallstangen am Radweg.

Oft verwehrt das Grün am Radwegrand den Blick auf die Emscher.

Der Radweg stößt schließlich auf eine Häuserzeile und führt hier in einen Bogen nach rechts, dann nach links zurück zum Fluss. Kurz danach lassen Sie die Bebauung und ein Waldstück hinter sich und es öffnen sich weite Felder und Wiesen. Hier entstehen die neuen Emscherauen im Zuge des Baus eines Hochwasserrückhaltebeckens. Nach links führt der Radweg über eine lange Holzbrücke und die neue Talsperre zum Dortmund-Ems-Kanal. Unsere Route geht rechts weiter, schlängelt sich im Zickzack um das Naturschutzgebiet herum und unterquert die Autobahn. Sie folgen immer noch dem Fluss und stoßen auf eine Straße, wo die Route einen U-Bogen macht. Der Radweg quert danach einige Straßen immer geradeaus Richtung Dortmund-Zentrum und zur Mountainbike Arena.

Der Emscher-Radweg wird auch gerne von Hundebesitzern genutzt.

Die Kanalpassage Schließlich erreichen Sie eine Straßenkreuzung, wo Sie die Emscher verlassen und sich an den Wegweisern links Richtung Lünen auf der Straße Eckei orientieren. Sogleich erblicken Sie das Hotel-Restaurant Volksgarten. Das Traditionslokal ist mit seiner schönen Lage im Grünen und der netten Gartenterrasse ein angenehmer Platz zum Einkehren. Nach der Pause folgen Sie der Straße Eckei weiter Richtung Lünen.

In der Kurve halten Sie sich links und unterqueren rechts die Bundesstraße. Am Ende biegen Sie links in die Altmengerder Straße ein und überqueren den Dortmund-Ems-Kanal. An der anderen Kanalseite lassen Sie das Rad links zum Kanaluferweg Richtung Datteln/Waltrop hinunterrollen. Nun geht es einfach immer am Dortmund-Ems-Kanal entlang, oft begleitet von einer angenehm kühlenden Brise. Beim Hof Nieman mit seiner einladenden Bauernstube können Sie je nach Saison für frischen Spargel oder leckere Erdbeeren kurz anhalten. Danach wechseln Sie über die Kanalbrücke zum anderen Ufer und es ist nur noch ein kurzes Stück am Kanal zurück zum Ausgangspunkt, wo das Café Kortmann sich zum Ausklang anbietet.

Fußballmuseum in Dortmund

Fußballfans sollten unbedingt nach Dortmund weiterradeln, wo der DFB das sehenswerte und interessante Fußballmuseum eingerichtet hat. Allerdings verlängert sich dann die Tour um rund 18 Kilometer für die Hin- und Rückfahrt.

11

Durchs Herz des Ruhrgebiets

Jeder Meter Industriegeschichte pur

Mittel | 48 km | 4:00 Std.

Tourencharakter
Rundtour auf befestigten Kiesradwegen entlang des Kanals und der Emscher, asphaltierte Radwege auf der und um die Halde Hoheward

Ausgangs-/Endpunkt
Parkplatz am Waltroper Schleusenpark, Zum neuen Hebewerk 2, Waltrop

GPS-Daten
51°37'05.9"N 7°19'52.6"O

Anfahrt
Auto: Über die A2 und dann weiter über die B235
Bahn: Keine Anreisemöglichkeit

Karte
ADFC-Regionalkarte radrevier.ruhr Ost, 1:50000

Abkürzung
Weglassen der Umrundung bzw. Überquerung der Halde Hoheward erspart ca. 8 km.

Kombinierbar mit
Tour 10

Einkehr
Restaurant Riad mit Biergarten direkt am Kanal, www.riad-gastronomie.de
Restaurant Zum Yachthafen, Castrop-Rauxel, www.zum-yachthafen.de
Gaststätte An der Stadtgrenze, Herne
Café Kortmann, Waltrop, restaurant-kortmann.de

Die Radrunde durchs Herz des Ruhrgebiets führt zunächst am Rhein-Herne-Kanal entlang, der mit seinen baumbestandenen Ufern beste Voraussetzungen für eine genussvolle Radtour bietet. Zum Teil folgt sie der Route der Industriekultur, entlang an Sehenswürdigkeiten, die von der wechselhaften Geschichte der Region erzählen.

Schiffshebewerk Henrichenburg Vom Parkplatz beim Café Kortmann radeln Sie rechts hoch und nach der Schranke nochmals rechts. Der Radweg führt jetzt durch die historische und mit einer Länge von 95 Metern und einer Breite von 10 Metern überaus beeindruckende Schachtschleuse Waltrop von 1914 direkt hinunter zur Marina, wo Sie sich nach links halten. Sie gelangen kurz darauf zum nächsten monumentalen Bauwerk, dem Schiffshebewerk Henrichenburg, das eine Besichtigung allemal lohnt. Der gigantische Aufzug, der vor allem für Trans-

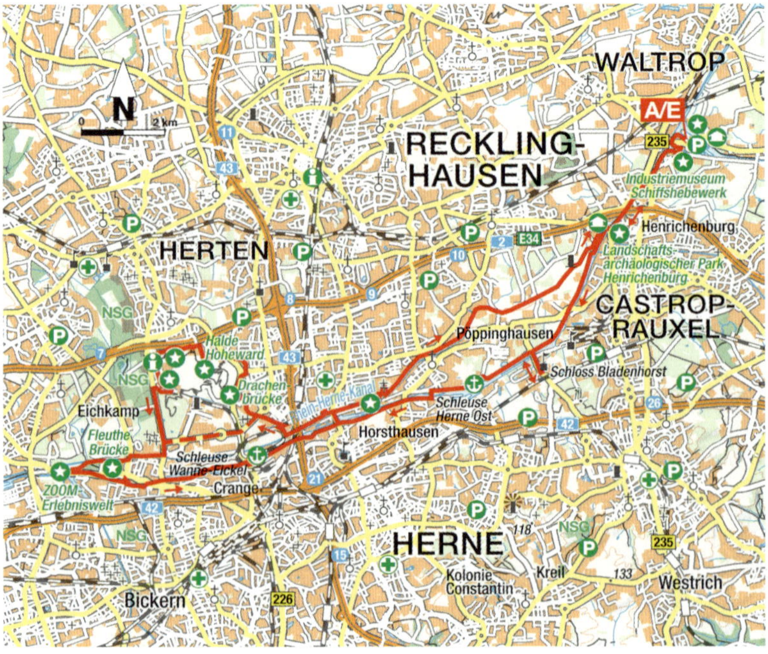

Die monumentale Schachtschleuse Waltrop ist ein echter Hingucker.

Unbedingt besuchen: das Museum (rechts) und den Aufzug des Schiffshebewerks Henrichenburg

portschiffe eingesetzt wird, wurde am 11. August 1899 von Kaiser Wilhelm II. feierlich eröffnet und ist die größte Stahlkonstruktion am Dortmund-Ems-Kanal. Obwohl das Hebewerk seit rund 40 Jahren stillgelegt ist, begeistert es noch heute. Auf einer schmalen Treppe gelangt man hinauf zur Brücke zwischen den Haupttürmen mit einem atemberaubenden Blick auf die Kanallandschaft. Im ehemaligen Maschinenhaus wurde ein Museum eingerichtet, das die Baugeschichte und Technik des Hebewerks, unter anderem mit einem Modell, beleuchtet. Im Vorhafen und am Oberwasser liegen noch einige historische Schiffe, die die Museumsexponate ergänzen.
Nach dem Eingang zum Schiffshebewerk führt die Route rechts weiter zum Rhein-Herne-Kanal, einer 45 Kilometer langen Wasserstraße mit fünf Kanalstufen. Der Kanal wurde in achtjähriger Bauzeit im Sommer 1914 fertiggestellt und verbindet seitdem den Duisburger Hafen mit dem Dortmund-Ems-Kanal. Sie radeln nun gemütlich am Wasser entlang bis zur Brücke Wartburgstraße. Hier wechseln Sie ans andere Ufer Richtung Umspannwerk Recklinghausen. Vorsicht beim Überqueren der Straße! Auf der anderen Seite gelangen Sie links beim Restaurant Riad mit Biergarten wieder auf den Kiesweg des Kanals.

Beeindruckende Kanalstufe bei Herne Sie folgen dem Kanal bis zum Radknotenpunkt 36. Hier können Sie den Kanalweg kurz unterbrechen und einen Abstecher zum rund 500 Meter ent-

fernten Schloss Bladenhorst machen. Sie erreichen das Wasserschloss über die Kanalbrücke und danach über einen schönen Radweg durch den Wald. Das Schloss ist zwar nur von außen zu besichtigen, macht aber mit seinen wehrhaften Türmen und Mauern einen imposanten, märchenhaften Eindruck. Bemerkenswert ist vor allem das Torhaus.
Nach der kurzen Unterbrechung geht es zurück zur Hauptroute am Kanal und weiter Richtung Umspannwerk Recklinghausen, heute ein Museum. Sie kommen an einem Hafen vorbei und dann zur Schleuse Herne-Ost. Die Zwillingsschleuse wurde 1914 in Betrieb genommen und Ende der 1980er-Jahre in sechsjähriger Bauzeit komplett erneuert. Ihre Ausmaße sind gigantisch: 190 Meter lang, 12 Meter breit und rund 4 Meter tief. Der Niveauunterschied beträgt fast 13 Meter und ein Schiff benötigt etwa 14 Minuten, um den Höhenunterschied zu überwinden; die Zeit für Ein- und Ausfahrt nicht mitgerechnet. Die Zwillingsschleuse ist übrigens so konstruiert, dass das ablaufende Wasser der einen Kammer zum Auffüllen der anderen genutzt wird, was den Wasserverbrauch um etwa 50 Prozent reduziert.
Sie radeln zuerst rechts am alten Schleusenbecken entlang, bevor Sie links über die Schleuse weiterfahren. Am anderen Ufer geht es nun nach Herne, wo Sie die Kanalbrücke erst unterqueren und dann mit einer Linkskurve auf ihr den Kanal überqueren. Bevor Sie den Kanal verlassen, lädt direkt am Radweg der Biergarten An der Stadtgrenze zum Einkehren ein.

Versorgungsstraße und gleichzeitig der Radweg am Rhein-Herne-Kanal

Landschaftspark Hoheward Unweit der Kanalbrücke biegen Sie links auf den Emscher-Radweg Richtung Halde Hoppenbruch ein. Der Radweg verläuft zuerst auf dem Deich hoch über dem Flussbett, verlässt dann die Emscher und führt abseits vom Wasserweg zum Knotenpunkt 41. Hier radeln Sie geradeaus weiter bis zur Kreuzung. Der Emscher-Radweg verläuft links weiter auf einem separaten Radweg in der Wannerstraße am Waldfriedhof entlang und weiter durch Industriegelände. Schöner und weit interessanter ist die Radroute der Industriekultur geradeaus zum Landschaftspark Hoheward und Knotenpunkt 42. Und deshalb führt diese Etappe über die Ringpromenade rund um den Landschaftspark Hoheward. Das fast acht Quadratkilometer große Freizeitgelände entstand ab 2004 aus den Halden Hoheward und Hoppenbruch sowie Industrieflächen der historischen Zeche Ewald. Es gibt einige Zugänge an der Ost- und Nordseite und einen an der Nordwestecke beim Besucherzentrum. Über diese Zugänge können Sie über Serpentinenwege hochradeln, um von oben imposante Rundblicke auf das Ruhrgebiet zu genießen sowie die modernen Kunst-

Kurz nach dem auffallenden Gerüst über den Radweg beginnt die Halde Hoheward.

Auffallende Architektur am Rhein-Herne-Kanal: die Bogenbrücke Grimberger Sichel

Blick von der Halde Hoheward gen Nordosten

werke wie das Observatorium oder die Sonnenuhr zu bewundern. Egal, ob Sie um den Landschaftspark herumradeln oder den Radweg über die Halde nutzen, die Routen treffen sich wieder kurz vor der Emscher an der Südwestseite des Parks. Hier gelangen Sie leicht rechts haltend hinunter an die Emscher, die hier leider noch nicht vollständig renaturiert wurde. Sie folgen der Emscher nach rechts, wechseln unterwegs das Ufer und verlassen sie bei der nächsten Brücke links Richtung Gelsenkirchen und Knotenpunkt 44. Unterwegs können Sie noch einen Blick auf die Fleuthe-Brücke werfen, eine nette, denkmalgeschützte Bogenbrücke aus Sandstein. Sie queren die Bundesstraße an der Ampel und gelangen so zur Radbrücke Grimberger Sichel, die zur ZOOM Erlebniswelt führt. Bei der Radbrücke stoßen Sie auch auf den Rhein-Herne-Kanal, dem Sie gleich links folgen.

An der Emscher und am Kanal retour Sie folgen nun immer dem Kanalradweg, radeln schon bald an der Künstlerzeche Unser Fritz 2/3 entlang Richtung Schleuse Wanne-Eickel und weiter bis zum Knotenpunkt 39, wo Sie rechts nochmals am Biergarten An der Stadtgrenze entlang zum Emscher-Radweg wechseln. Der Emscher folgen Sie diesmal stromaufwärts Richtung Pöppinghausen und dann weiter Richtung Henrichenburg. Die schöne Etappe auf dem Flussdeich stößt zum Schluss auf den Rhein-Herne-Kanal, wo die letzten Kilometer wie beim Hinweg am Radweg auf der anderen Kanaluferseite zurückgelegt werden.

Einkehr

Im Strandrestaurant Recklinghausen, direkt am Rhein-Herne-Kanal mit Liegestühlen im Sand, herrscht eine Atmosphäre wie an der Ost- bzw. Nordseeküste. Und last, but not least gibt es: kühles Bier vom Fass, exotische Cocktails sowie leckere Gerichte und Häppchen.

12

Am Kulturkanal zwischen GE und OB

Viel zu sehen, viel zu erleben

Leicht | 35 km | 3:00 Std.

Tourencharakter
Rundtour auf befestigten Kieswegen entlang des Kanals und kleinen Abschnitten auf asphaltierten (Neben-)Straßen

Ausgangs-/Endpunkt
Parkplatz am Amphitheater, Nordsternpark, Wallstraße 52, Gelsenkirchen

GPS-Daten
51°31'28.3"N 7°02'17.4"O

Anfahrt
Auto: A 42, Ausfahrt 16, Gelsenkirchen-Zentrum
Bahn: U 11, Haltestelle Heßlerstraße. Der Hauptbahnhof von Gelsenkirchen ist rund 6 km vom Startpunkt entfernt.

Karte
ADFC-Regionalkarte radrevier.ruhr West, 1:50 000

Abkürzung
Mehrmals Möglichkeit, über eine Brücke ans andere Ufer zu wechseln und zurückzuradeln

Kombinierbar mit
Tour 11 und 13

Einkehr
In Oberhausens CentrO ist für jeden Geschmack und Geldbeutel etwas dabei, von Pfannkuchen über westfälische und bayrische Schmankerl bis hin zu argentinischen Steaks und den Burgern bekannter Fastfood-Ketten.

Auch wenn diese Rundtour gerade mal drei Stunden zum Radeln in Anspruch nehmen wird, sollte doch ein halber oder ganzer Tag eingeplant werden. Denn am Beginn im Gelsenkirchener Nordsternpark und am Wendepunkt der Tour in Oberhausens Stadtteil Neue Mitte gibt es viel zu sehen, viel zu erleben und viel zu entdecken.

Nordsternpark Vom großen Parkplatz am Ostrand des Nordsternparks, dessen Besichtigung Sie besser am Ende der Tour planen sollten, geht es zunächst über die moderne 1996 angelegte Zwei-Bogen-Brücke ans andere Ufer des Rhein-Herne-Kanals. Von der 80 Meter langen Brücke haben Sie eine herrliche Aussicht auf weite Teile des Nordsternparks mit der ehemaligen Kohlenmischanlage und dem Amphitheater am Kanalufer als Blickfänger. Sie radeln gleich nach der Brücke rechts hinunter und erreichen nach kurzer Zeit den Uferradweg, dem

Guter Orientierungspunkt am Rhein-Herne-Kanal: die Bogenbrücke im Nordsternpark

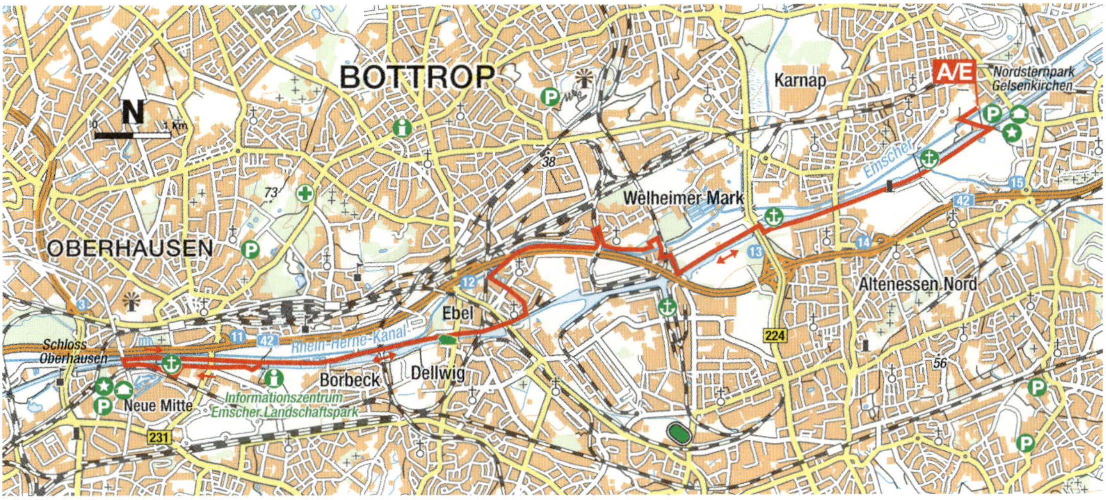

Sie Richtung Tetraeder/Bottrop/Radknotenpunkt 61 folgen. Nach ein paar Kilometern endet bei der Autobrücke der breite Uferradweg, der in einen schmalen, naturbelassenen Waldweg übergeht. Sie überqueren auf der Brücke den Kanal und fahren danach am anderen Kanalufer weiter Richtung Westen, Welheimer Mark. Vor der Autobahn A42 endet schließlich auch hier der Uferradweg. Sie fahren rechts hoch, halten sich oben nochmals rechts und nach ein paar Hundert Metern in der Kurve nach links. Gleich nach der Bahnunterführung geht es rechts auf einem schmalen Radweg hoch Richtung Bottrop-Zentrum/

An der Graffitiwand im Nordsternpark haben viele Künstler ihre Spuren hinterlassen.

Welheimer Mark. Nachdem Sie die Emscher überquert haben, verläuft die Route links-rechts und dann links durch einen Wald. Der Waldweg führt Sie direkt nach Welheimer Mark hinein, wo die Radschilder Sie rechts-links-links auf die Straße Lichtenhorst leiten. Sie folgen der Straße bis an ihr Ende, biegen nach links auf die Schürmannstraße und danach rechts auf die Hafenstraße ein. Bei der Bushaltestelle Haslacherstraße weist der Radwegweiser links nach Oberhausen. Kurze Zeit später sind Sie wieder am Kanal, dem Sie nun bis Oberhausen folgen.

Ehemalige Kohlenmischanlage der Zeche Nordstern mit Aussichtsplattform

Oberhausens Neue Mitte Schon bald taucht in der Ferne der wuchtige Gasometer auf und Sie erreichen eine moderne, geschwungene Rad- und Fußgängerbrücke über den Rhein-Herne-Kanal. Hier radeln Sie rechts hoch zum Knotenpunkt 7 Richtung Essen-Zentrum/Borbeck, überqueren den Kanal auf der Brücke und radeln am anderen Ufer weiter Richtung Oberhausens Neue Mitte. Die riesige Kuppel des Aquaparks zur Lin-

Vom Gasometer hat man freien Blick auf die Radwege entlang des Rhein-Herne-Kanals und der Emscher.

Blick auf die Parkanlage des CentrO in Oberhausens Stadtteil Neue Mitte

ken kündigt den Stadtteil Neue Mitte an. Der beliebte Wasserpark bezeichnet sich übrigens selbst als Bergbau-Erlebnisbad, mit einem in der Badelandschaft integrierten 18 Meter hohen Förderturm, einer Schachthalle mit Schwimmbecken und einer Erlebnislandschaft im Flöznachbau. Dazu gibt es drei Wasserrutschen, die Spaß für Groß und Klein garantieren. Nach dem Aquapark stoßen Sie auf die Marina Oberhausen, die in einem Bogen nach links umfahren wird. An der Westseite der Marina erhebt sich das Sea Life Centre Oberhausen. Der Name ist Programm. In den zahlreichen Aquarien tummeln sich Meerestiere aus der ganzen Welt. Einer der Höhepunkte ist die Fütterung der Haie.

Nachdem Sie die Marina Oberhausen umfahren haben, stoßen Sie beim Trampolinpark Tiger Jump geradeaus auf den Wegweiser Gasometer. Links geht es ins Einkaufsparadies CentrO, das Herz des Stadtteils Neue Mitte. Sie radeln aber geradeaus Richtung Gasometer weiter. Kurz vor den Gleisen geht es dann rechts wieder über den Kanal, wobei Sie den Radschildern Garten Osterfeld/Burg Vondern folgen. Bevor Sie aber nach

Rundblick vom Nordsternturm!

Ein Lift vereinfacht den Aufstieg auf den 1951 errichteten Turm, der 2009/2010 auf 18 Etagen aufgestockt wurde. In luftigen 83 Metern Höhe befindet sich eine Aussichtsplattform, von der aus sich eine atemberaubende Aussicht bietet.

Einer der Höhepunkte dieser Tour, aber auch im Ruhrgebiet: der Gasometer

Gelsenkirchen zurückradeln, sollten Sie noch einen Abstecher zum Gasometer machen. Er ist etwa einen halben Kilometer entfernt und lohnt den Abstecher, schon wegen der Fahrt im Inneren mit dem Panoramalift, der Sie aufs Dach des Gasometers bringt, wo eine Aussichtsplattform angelegt wurde. Von dort oben liegt Ihnen das Ruhrgebiet um Oberhausen zu Füssen.

Der Gasometer wurde von 1927 bis 1929 errichtet und speicherte sogenanntes Gichtgas, das in den umliegenden Hochöfen als Abfall produziert wurde. Nach der Zerstörung im Zweiten Weltkrieg und dem Wiederaufbau war der Gasometer bis 1988 in Betrieb. Mitte der 1990er-Jahre wurde er zu einer Ausstellungshalle umgebaut, wo seither viele atemberaubende Ausstellungen nationaler und internationaler Künstler zu bewundern waren und sind.

Wer nach dem Besuch des Gasometers noch Zeit und Lust hat, der kann auch noch weiter zum Schloss Oberhausen radeln, einer klassizistischen Schlossanlage, die heute vor allem als Kunstmuseum unter dem Namen Ludwiggalerie dient. Der angeschlossene, 5,5 Hektar große Park Kaisergarten ist ein beliebtes Ausflugsziel für die Stadtbewohner, nicht zuletzt wegen des kostenlosen Zugangs zum Tierpark mit rund 500 Tieren.

Schwimmbad im Nordsternpark

Zurück nach Gelsenkirchen

Nach dem Abstecher zum Gasometer geht es auf dem gleichen Radweg wieder zurück zur Bahnunterführung. Hier radeln Sie links hoch zur

Rad- und Fußgängerbrücke neben der Bahnbrücke (Garten Osterfeld / Burg Vondern). In der Mitte der Brücke folgen Sie rechts den Wegweisern hinunter an den Rhein-Herne-Kanal Richtung Osterfeld / Sterkrade. Nun radeln Sie mehr oder weniger auf der gleichen Strecke nach Gelsenkirchen retour, verlassen dabei den Kanal im Bottroper Stadtteil Ebel, durchqueren wieder diesen Bezirk und danach den Bottroper Stadtteil Welheimer Mark, wo Sie nach dem Wald wieder zum Kanal gelangen und diesem dann bis zum Nordsternpark folgen.

Der Gelsenkirchner Nordsternpark wurde nach der Stilllegung der Zeche Nordstern als Gewerbe- und Landschaftspark angelegt. 1997 war er Ausstellungsort der Bundesgartenschau (BUGA97). Höhepunkte im Landschaftspark sind unter anderem die ehemalige Kohlenmischanlage, ein 60 Meter langer, begehbarer Bergwerkstollen, der Herkules von Gelsenkirchen, eine 18 Meter hohe Skulptur des deutschen Künstlers Markus Lüpertz am begehbaren ehemaligen Förderturm mit grandioser Aussicht, die Graffitiwand für junge Künstler und das Amphitheater am Kanal, das für verschiedene Veranstaltungen genutzt wird. Ein Kletterpark für die Großen nahe des Horster Pumpwerks und ein Wasserspielplatz für die Kleinen bei der Zwei-Bogen-Brücke runden das Angebot des Parks ab.

Der Radweg führt direkt an der Graffitiwand im Nordsternpark entlang.

13

Rhein-Herne-Kanal, Rhein und Emscher

Wichtige Wasserwege im Ruhrgebiet

Mittel | 36 km | 3:30 Std.

Tourencharakter
Rundtour auf befestigten Kieswegen entlang der Kanal- und Flussufer sowie asphaltierten Straßen im Ortsbereich

Ausgangs-/Endpunkt
Parkplatz beim Stadion Rot-Weiß Oberhausen, Lindnerstraße 2–6, Oberhausen

GPS-Daten
51°29'41.4"N 6°51'25.9"O

Anfahrt
Auto: A42, Ausfahrt Oberhausen-Zentrum
Bahn: Mehrere Verbindungen mit der S-Bahn, der Regionalbahn und dem Regional-Express zum Hauptbahnhof Oberhausen (ca. 3 km) und Trambahnen zum Bahnhof Neue Mitte (ca. 2,5 km)

Karte
ADFC-Regionalkarte radrevier.ruhr West, 1:50000

Kombinierbar mit
Tour 1, 12 und 22

Einkehr
Restaurant Mongo's, Duisburger Innenhafen, www.mongos.de/de/restaurants/duisburg
Walsumer Hof, Walsum, www.walsumerhof.de
Biergarten Mühlenweide, Ruhrort, www.facebook.com/BiergartenDuisburg

Europas größter Binnenhafen, der umgestaltete Duisburger Innenhafen, der Rhein-Herne-Kanal, die zum Rad- und Wanderweg umfunktionierte HOAG-Bahntrasse und last, but not least ein Teil des Emscher-Radwegs versprechen eine abwechslungsreiche Rundtour.

Parallel verlaufen der Rhein-Herne-Kanal und die Emscher bei Oberhausen.

Zwischen Emscher und Kanal Vom Parkplatz beim Stadion des Fußballklubs Rot-Weiß Oberhausen, das zwischen Emscher und Rhein-Herne-Kanal liegt, geht es auf der Lindnerstraße Richtung Westen. Gleich nach der Unterführung biegen Sie links Richtung Duisburg-Zentrum ab. Nach wenigen Metern erreichen Sie den Rhein-Herne-Kanal, dem Sie nun rechts bis zur Schleuse Oberhausen-Lirich folgen. Die Anlage wurde 1977 in zweijähriger Bauzeit angelegt und besteht aus zwei Schleusen, die einen Niveauunterschied von rund vier Metern ausgleichen.

Über die Schleuse gelangen Sie ans andere Kanalufer, wo Sie dem Uferweg weiter Richtung Duisburg folgen. Nach etwa drei Kilometern passieren Sie den Ruhrtalradweg (siehe Route 1). Sie folgen weiterhin dem Kanal, überqueren auf der Brücke den Verbindungskanal zwischen Ruhrorter Häfen und der Ruhr und radeln zwischen den Hafenkanälen und der Ruhr weiter Richtung Rhein. Bei der Duisburger Ruhrschleuse haben Sie die Möglichkeit, einen Abstecher zum Duisburger Innenhafen zu machen, was nicht viel Zeit kostet, aber überaus lohnenswert ist, vor allem was die Gastronomie betrifft. Denn dort, wo einst Waren

Gepflasteter Radweg am Rhein-Herne-Kanal

Betriebsamkeit an der Schleuse Oberhausen

umgeschlagen wurden, hat sich ein lebhaftes Ausgehviertel entwickelt mit abwechslungsreicher Gastronomie, gemütlichen Cafés und interessanten Museen.

Infotafeln und Wegweiser am Emscher-Radweg

Ruhrort Wenn kein Abstecher zum Innenhafen geplant ist, radeln Sie bei der Ruhrschleuse geradeaus weiter, überqueren auf der Ruhrorter Straße den Hafenkanal und später den Vinckekanal. Sie halten sich danach links und folgen den Radwegweisern Moers/Wesel. Die Radschilder leiten Sie nun am Vinckekanal entlang und dann durch den Duisburger Stadtteil Ruhrort, der bis weit über die Landesgrenzen hinaus durch Götz George alias Tatortkommisar Schimanski bekannt wurde. Zu den Häusern, Straßen und Cafés, in denen Szenen der Krimi-

serie gedreht wurden, wird übrigens ein geführter Rundgang angeboten.
Immer den Radschildern nach stoßen Sie auf den Radknotenpunkt 39, wo Sie dem Rhein folgend auf der Dammstraßenbrücke den Duisburger Jachthafen überqueren. Schräg rechts erblicken Sie das schön gestaltete Museum der Deutschen Binnenschifffahrt. Nach der Brücke biegen Sie links auf den Radweg entlang des Rheins Richtung Wesel und dem Radknotenpunkt 24 ab.

Immer am Rhein entlang Ab nun folgen Sie dem Rhein immer stromabwärts. Sie radeln dabei größtenteils zwischen Industrieanlagen und dem Rhein, passieren dabei den Knotenpunkt 24 bei der Zechensiedlung Beeckerwerth, den Punkt 36 bei der Eisenbahn- und der Autobahnbrücke A42 und den Punkt 22 am Fuß des Alsumer Bergs. Danach kehren Sie dem Rhein den Rücken. Sie folgen rechts dem Alsumer Steig bis zur Alsumer Straße, biegen hier nach links und später wieder nach links auf den Willy-Brandt-Ring ab. Am Ende des Rings geht es links auf der Hamborner Straße weiter Richtung Walsum-Dinslaken.

Gut ausgebaut und unterhalten: der Emscher-Radweg

Emscher-Radweg bei Wehofen

HOAG-Bahntrasse und Emscher-Radweg Immer der Hamborner Straße folgend erreichen Sie schließlich die Brücke und Informationstafel der HOAG-Bahntrasse. Aus der ehemaligen, für den Kohletransport angelegten Güterstrecke der Hüttenwerke Oberhausen Aktiengesellschaft, kurz HOAG, wurde ab 2002 in fünfjähriger Bauzeit ein Rad- und Wanderweg, der schließlich 2007 seiner Bestimmung übergeben wurde. Sie radeln hier hoch auf die Bahntrasse und halten sich oben nach links Richtung Oberhausen-Sterkrade/Revierpark Mattlerbusch. Nun folgen vier Kilometer auf der für Radfahrer gut ausgebauten, beidseitig begrünten Bahntrasse, die abwechselnd durch dicht bebautes Gebiet und landwirtschaftlich genutzte Flächen mit Ausblicken führt. In Wehofen stoßen Sie automatisch auf die Emscher, der Sie nach rechts Richtung Oberhausen-Sterkrade und dem Knotenpunkt 13 bei Buschhausen folgen. Immer dem Emscher-Radweg folgend kommen Sie wieder auf die Lindnerstraße, die links zum Ausgangspunkt zurückführt.

Alternativer Startpunkt

Sie können diese Runde auch am Parkplatz beim Gasometer (Tour 12) beginnen und beenden, radeln ab dort auf der Straße Am Grafenbusch zum Kanal, unterqueren die B 223 und überqueren dann auf der Spiralbrücke den Kanal. Danach geht es links am Kanal entlang in die Lindnerstraße. Die Tour verlängert sich dadurch um etwa vier Kilometer.

Nicht überall ist der Radweg am Kanal so schön gepflastert wie hier bei Lirich.

Unterwegs im Lippetal

Beliebtes Fotomotiv: die Lippefähre Quertreiber nahe Wesel (Tour 23) (o. li.). Im Zentrum von Haltern am See (Tour 17) (o. re.). Unasphaltierter Radweg am Wesel-Datteln-Kanal (Tour 20) (u. re.). Die Schleuse von Flaesheim (Tour 19) (u. li.).

14 Lippe trifft Rhein

Im Mündungsgebiet der Lippe

Leicht | 30 km | 2:30 Std.

Tourencharakter
Rundtour auf asphaltierten Nebenstraßen und Wirtschaftswegen sowie ungeteerten Radwegen entlang des Wesel-Datteln-Kanals

Ausgangs-/Endpunkt
Parkplatz bei der Niederrheinhalle, Friedenstraße, Wesel. Einen Parkplatz gibt es auch neben dem Bahnhof nahe der Niederrheinhalle.

GPS-Daten
51°39'07.1"N 6°37'42.8"O

Anfahrt
Auto: A3 und dann auf die B 58, die direkt nach Wesel hineinführt, wo es vor den Gleisen nach links zur Niederrheinhalle geht
Bahn: Verschiedene Verbindungen mit der Regionalbahn (RB) und dem Regional-Express (RE)

Karte
ADFC-Regionalkarte radrevier.ruhr West, 1:50 000

Abkürzung
Mit der Lippefähre Quertreiber bei Wittenberg lässt sich die Rundtour erheblich verkürzen (www.wesel.de/kultur-freizeit/fahrradfreundliches-wesel/lippefaehre-quertreiber).

Kombinierbar mit
Tour 15, 23 und 24

Einkehr
Lippeschlösschen, Wesel, www.lippeschloesschen.de
Restaurant Kaiserhof, Wesel, www.hotelkaiserhof.de
Dudel Bude, Krudenburg, dudel-bude.de

Auf dieser Tour folgen Sie dem Römer-Lippe-Radweg durch das Naturschutzgebiet Lippeaue und dem Naturpark Hohe Mark. Unterwegs vermitteln Denkmäler die Geschichte der Flussregion. Nach dem malerischen Ort Krudenburg führt die Runde am schattigen Ufer des Wesel-Datteln-Kanals zurück. Die neu gestaltete Lippemündung prägt den letzten Abschnitt der Route.

Altes Wasserwerk und Alter Hafen Vom Parkplatz bei der Niederrheinhalle in Wesel, der direkt an dieser Radroute liegt, folgen Sie dem Fahrradstreifen stadtauswärts. In der Straße An de Tent biegen Sie beim Radwegweiser rechts ab. Sie begegnen hier dem Logo des Römer-Lippe-Radwegs, eine stilisierte Flusswelle mit Römerhelm. Der Radweg taucht nun ins Grüne ein und Sie gelangen gleich an die erste Sehenswürdigkeit: das Alte Wasserwerk. In der monumentalen Anlage aus dem

19. Jahrhundert wurde jahrzehntelang das Trinkwasser für Wesel aufbereitet. Das Wasserwerk stand am Alten Hafen, einem Seitenarm der Lippe, der vom Radweg aus sichtbar ist. Schautafeln entlang des Radwegs vermitteln weitere Informationen über das Wasserwerk und den Hafen.

Die Route schlängelt sich kurz am Ortsrand und führt dann aus Wesel hinaus Richtung Wald. Vor den stillgelegten Gleisen biegen Sie links Richtung Hünxe ab. Der nächste Abschnitt führt gemütlich auf Waldwegen durch den Naturpark Hohe Mark. Beim Radknotenpunkt 25 am Wesel-Werk biegen Sie rechts und gleich wieder links ab. Sie folgen nun den Wegweisern Hünxe-Krudenburg, die Sie durch den Wald und über die A3 leiten. Kurz vor der Überquerung haben Sie die Möglichkeit, einen Abstecher nach rechts zum Haus Schwarzenstein zu machen. Der ehemalige Rittersitz ist in Privatbesitz und nur von außen zu bewundern.

Linke Seite: Naturschutzgebiet Lippeaue bei Wesel

Terrassencafés am Kornmarkt von Wesel

Krudenburg Nette Rastplätze im Ort rund um den Dorfbrunnen laden zum Verweilen ein und sind ideal, um die Atmosphäre des ehemaligen Fischerdorfs mit seinem heute denkmalgeschützten Ortskern auf sich wirken zu lassen.

Schafherde zum Unterhalt der Grünflächen in der Lippeaue bei Wesel

Handbetrieben: die Lippefähre Quertreiber

Krudenburgs Vergangenheit ist unzertrennlich mit der Lippeschifffahrt verbunden. Es gab hier einen Hafen und das Dorf trug lange Zeit die Bezeichnung Treidelschifferdorf. Abgleitet wurde die Bezeichnung von den einst am Ufer angelegten Treidelpfaden, auf denen von Menschen geführte Pferde die Transportschiffe auf der Lippe zogen.

Am Kanal entlang Von Krudenburg radeln Sie hoch zum Radweg entlang der Bundesstraße und überqueren dann die Lippe. Von der Brücke bietet sich ein schöner Blick auf den Fluss mit seinem dunklen Wasser. Gleich vor der nächsten Brücke verlassen Sie die Römer-Lippe-Hauptroute und radeln rechts hinunter zum Wesel-Datteln-Kanal. Am rechten Kanalufer führt die Römer-Lippe-Nebenroute zurück Richtung Wesel. Am Knotenpunkt 66 bietet sich rechts eine alternative Tour zurück nach Wesel über die Lippefähre an. Mit dieser handbetriebenen Gierseilfähre, bekannt als Quertreiber, können Radfahrer sich mit eigener Muskelkraft zum anderen Ufer ziehen. Ein besonderes Erlebnis für Jung und Alt. Ansonsten radeln Sie noch ein Stück weiter am Kanal entlang, bis Sie nach der Bahnbrücke den Knotenpunkt 67 erreichen. Hier biegen Sie rechts ab und beim Knotenpunkt 64 links Richtung Wesel.

Mit der Lippefähre ans andere Ufer

Wer nicht vorhat, die Radtour zu verkürzen, sollte trotzdem zur Lippefähre Quertreiber einen Abstecher machen. Die an Ketten befestigte Fähre kann durch die Fahrgäste an die gewünschte Uferseite gezogen werden. Sie ist etwas ganz Besonderes und ein schönes Fotomotiv.

Die neue Lippemündung Die letzte Etappe ist besonders interessant. Die Lippe wurde bei Wesel vor einigen Jahren nach Süden verlegt, wodurch entlang des neuen Flussbetts eine junge Auenlandschaft entstanden ist. Vom ebenfalls neu gestalteten Radweg bieten sich schöne Ausblicke auf die Flusslandschaft. Tafeln am Wegrand informieren über die Gestaltung der neuen Flussmündung sowie über Flora und Fauna.

Nach der Au stößt der Radweg auf den Rhein. Hier können Radfahrer und Wanderer innehalten und das Panorama auf dem imposanten Fluss mit Schiffsverkehr und der Rheinbrücke genießen.

Schließlich gelangen Sie nahe der Rheinbrücke rechts zurück nach Wesel, wobei Sie nochmals die Lippe überqueren und sich vom Fluss verabschieden, der hier im Rhein verschwindet.

Wesel begrüßt Sie jetzt mit seiner Zitadelle und dem Niederrhein-Museum. Den Radschildern folgend gelangen Sie jetzt in wenigen Minuten zum Bahnhof und weiter zur Niederrheinhalle.

Bremer Tor in Wesel

15 Wesel-Datteln-Kanal und Lippe bei Dorsten

Wo Wasserstraße und Fluss sich fast berühren

Leicht | 36 km | 3:00 Std.

Tourencharakter
Rundtour auf sehr gut befestigten Kiesradwegen

Ausgangs-/Endpunkt
Parkplatz P4, Lippetal 11, Dorsten.

GPS-Daten
51°39'49.5"N 6°58'05.9"O

Anfahrt
Auto: A31 und dann auf der B224 oder B225 direkt nach Dorsten
Bahn: Mehrere Verbindungen mit der Regionalbahn (RB) und dem Regional-Express (RE). Der Bahnhof liegt ca. 800 m vom Anfangspunkt entfernt.

Karte
ADFC-Regionalkarte radrevier.ruhr West, 1:50000

Kombinierbar mit
Tour 14 und 16

Einkehr
Biergarten anne Bänke, am rechten Kanalufer, Dorsten, www.campingplatz-zenker.de
Hafen Café, Dorsten, am linken Kanalufer

Diese Radrunde von Dorsten nach Hünxe und wieder retour führt teils an der Lippe, größtenteils am Wesel-Datteln-Kanal entlang. Fernab vom Straßenverkehr können Sie hier am Wasser, wo fast immer eine erfrischende Brise weht, so richtig durchatmen. Beide Uferwege sind überraschend unterschiedlich und machen diese Route zu einer richtigen Genusstour für Jung und Alt.

Von der Lippe zum Kanal Sie treten in die Pedale ab dem Parkplatz P4 in Dorsten und folgen den Radschildern Schermbeck/Lippefähre an der Nordostecke des Parkplatzes. Gleich danach überqueren Sie den Wesel-Datteln-Kanal auf einer Eisenbrücke, die für alle mit Höhenangst zu Problemen führen kann. Eine Alternative ist die Verkehrsbrücke etwa 350 Me-

Befestigter Radweg am Wesel-Datteln-Kanal

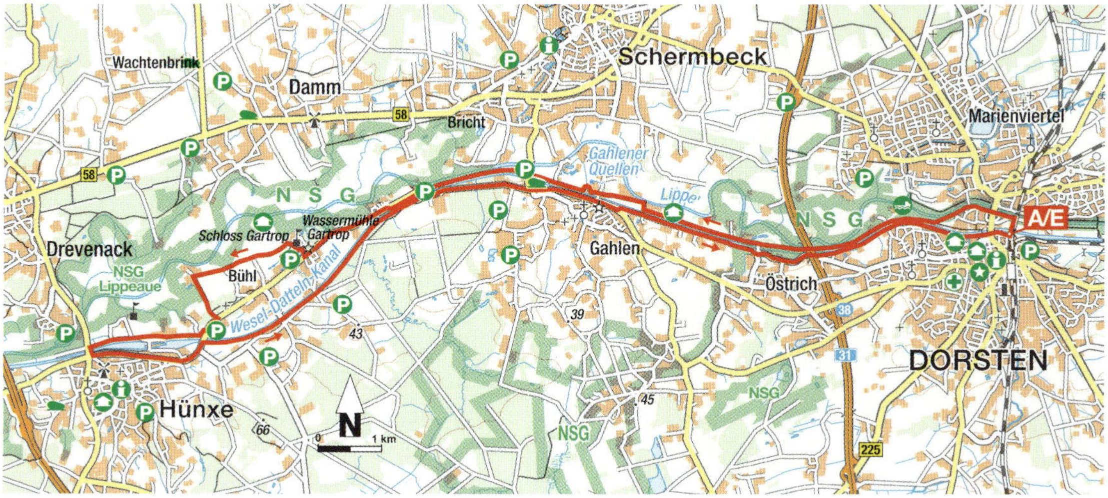

ter weiter westlich. Nach der Überquerung des Kanals folgen Sie dem Südufer der Lippe. Auf dem Lippedeich mit herrlichem Blick auf den Fluss radeln Sie stromabwärts Richtung Fähre. Fast unauffällig wechselt der Radweg von der Lippe zum Wesel-Datteln-Kanal. Der Fluss und der Kanal scheinen sich hier fast zu berühren. Der Kanal verläuft parallel zur Lippe, an vielen Stellen nur getrennt vom Uferweg und einem schmalen Streifen Natur. Die Wasserstraße wurde am Beginn der Planung und der ersten Bauphase denn auch als Lippeseitenkanal bezeichnet. Der rund 60 Kilometer lange Kanal ist eine der wichtigsten Wasserstraßen im Ruhrgebiet, wurde mit Unterbrechungen zwischen 1915 und 1930 erbaut, ab 1966 mehrmals ausgebaut und verbindet den Rhein mit dem Dortmund-Ems-Kanal.

Die nette Lippefähre Baldur lassen Sie rechts liegen und folgen weiter dem teils schattigen Uferweg am Kanal entlang. Der Biergarten anne Bänke ist eine beliebte Adresse für einen ersten Zwischenstopp, seine Lage direkt am Kanal ist einfach wunderschön.

Biergarten anne Bänke am Wesel-Datteln-Kanal

Schloss Gartrop Die Route bleibt dem Nordufer des Kanals treu. Immer wieder kommen imposante Frachtschiffe entgegen, die scheinbar mühelos durch das Wasser gleiten. Bevor Sie bei Hünxe zum anderen Ufer wechseln, verlassen

Sie den Kanal für einen Abstecher auf dem Römer-Lippe-Radweg zum eleganten Wasserschloss Gartrop, das Mitte des 14. Jahrhunderts erstmals als Burg nachweislich erwähnt wurde. Die alte Bausubstanz ist heute noch im Nordflügel des Schlosses erhalten. Im 16. Jahrhundert wurde das Burghaus mit zwei Flügeln erweitert und mit einer Mauer samt Tor abgeschlossen. Nach einer Zerstörung im Dreißigjährigen Krieg wurde ab Mitte des 17. Jahrhunderts das Anwesen als Schloss im Barockstil neu errichtet. Nach mehreren Umbauten und Erweiterungen im 18. Jahrhundert wurde Mitte der 1990er-Jahre das Schloss notgedrungen restauriert, verfiel aber ab 1998 immer mehr. Erst 2005 wurde ein neuer Besitzer gefunden, der Schritt für Schritt mit der Renovierung begann. Heute befinden sich auf dem Anwesen ein Hotel, Veranstaltungsräume, ein Landgasthof und eine Kapelle, die für Hochzeiten zur Verfügung steht. Das Anwesen bleibt für Nichtgäste leider verschlossen, lediglich der Landgasthof Edgar & Elisabeth ist zugänglich. Zum Gelände gehört auch eine kleine, hübsche Wassermühle am Zufahrtsweg zum Schloss.

Kunstwerk am ehemaligen Gahlischen Kohlenweg

Wassermühle beim Schloss Gartrop

Leider nur für Hotelgäste zugänglich: Schloss Gartrop

Von Hünxe retour Ab dem Schloss immer dem Römer-Lippe-Radweg folgend gelangen Sie bei der Kanalbrücke zum Knotenpunkt 68. Hier überqueren Sie den Kanal und radeln am anderen Ufer wieder zum Wasser hinunter, bevor es Richtung Dorsten zurückgeht. Bei der Hünxener Schleuse lohnt es sich, kurz anzuhalten, um den Vorgang in den beiden Schleusenkammern zu beobachten. Immer wieder interessant, wie die Schiffe durch Wasserkraft gehoben bzw. gesenkt werden.

Felder, Alleen und Wald begleiten schließlich die Tour am Wesel-Datteln-Kanal auf dem Rückweg, der auch am Naturschutzgebiet Gartroper Mühlenbach entlangführt. Kurz nach Gahlen steht direkt am Radweg ein richtiger Hingucker: Die Säule aus Stahlgitter ist gefühlt mit Kohle und verweist auf die Geschichte der Region. Errichtet wurde das außergewöhnliche Kunstwerk am ehemaligen Gahlischen Kohlenweg, worüber eine Tafel informiert. Jetzt sind es nur noch wenige Kilometer zurück zum Ausgangspunkt, wo mehrere Sehenswürdigkeiten in der Altstadt von Dorsten warten, aber auch Cafés und Restaurants mit gemütlichen Straßenterrassen, an denen man die Tour ausklingen lassen kann.

Schermbeck

Wenn Zeit und Lust vorhanden sind, dann können Sie einen Abstecher ins drei Kilometer entfernte Schermbeck machen, wo ein historischer Rundgang mit vielen Informationstafeln angelegt wurde, auf dem man die abwechslungsreiche Geschichte des Orts erleben kann.

16 An der Lippe und am Pilgerweg

Entschleunigen am Wasser und im Wald

Leicht | 31 km | 3:00 Std.

Tourencharakter
Rundtour auf befestigten Kiesradwegen und asphaltierten Nebenstraßen sowie einem ungeteerten Abschnitt im Einzugsbereich des Wienbachs

Ausgangs-/Endpunkt
Parkplatz P4, Lippetal 11, Dorsten

GPS-Daten
51°39'49.5"N 6°58'05.9"O

Anfahrt
Auto: A31 und dann auf der B224 oder B225 direkt nach Dorsten
Bahn: Mehrere Verbindungen mit der Regionalbahn (RB) und dem Regional-Express (RE). Der Bahnhof liegt etwa 800 m vom Anfangspunkt entfernt.

Karte
ADFC-Regionalkarte radrevier.ruhr West, 1:50000

Kombinierbar mit
Tour 15, 14 (ab Hünxe) und 17, 18 und 19 bei einer Weiterfahrt nach Haltern am See (ca. 8 km)

Einkehr
Restaurant Balkanhof, Dorsten, www.haus-gloe.de
Landgasthaus Föcker, Lippramsdorf, www.landhaus-foecker.de
Restaurant Jägerhof, Hervest, www.jaegerhof-einhaus.de

Radgenuss verspricht der Römer-Lippe-Radweg bei Dorsten, wo der Themenradweg direkt am Wasser entlang verläuft. Diese Runde folgt dem Flussradweg bis nach Lippramsdorf. Dort wechseln Sie zum schönen Themenradweg Pilgertour. Durch Wald und Wiesen führt die Route wieder zurück zur idyllischen Lippe.

An der Lippe Ausgangspunkt ist der Parkplatz P4 im Dorstener Zentrum, wo Sie ein paar Meter vom Kanal entfernt auch schon die ersten Radschilder antreffen. Sie folgen dem Wegweiser Römer-Lippe-Radweg, überqueren dabei den Wesel-Datteln-Kanal auf einer Eisenbrücke (siehe Route 15!) und anschließend die Lippe. Am Nordufer des Flusses steigen Sie dann in den Römer-Lippe-Radweg ein. Unsere Radrunde folgt ihm stromaufwärts Richtung Haltern am See. Die ersten Kilometer führen dabei auf dem Deich durch eine herrliche Flusslandschaft

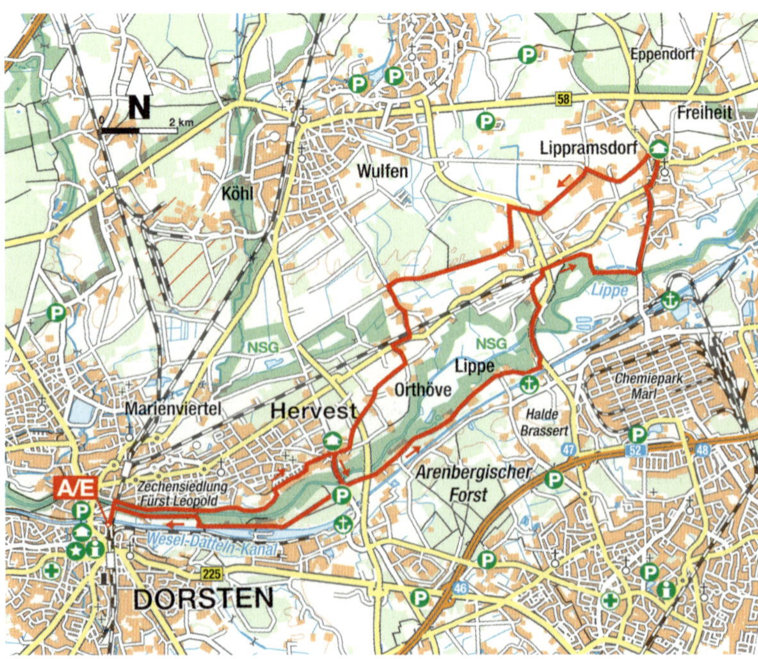

mit der Lippe ständig im Blick. Links vom Radweg ragen übrigens die Dächer der ehemaligen Zechensiedlung Fürst Leopold über den Deich hinaus. Wer Zeit und Lust hat, kann einen kurzen Abstecher zu der wunderschön renovierten Siedlung zwischen der Halterner Straße und der Lippe machen, die ab 1912 direkt gegenüber der Zeche Fürst Leopold errichtet wurde.

Idyllisch und fast unberührt: das Lippetal bei Marl

Nach Lippramsdorf Am Ende des Lippedeichs schwenkt der Radweg nach links. Sie kommen den Radschildern folgend an der Kirche im Ortszentrum von Hervest vorbei und gelangen dann wieder zur Lippe. Sie überqueren den Fluss und genießen dabei die schöne Aussicht auf das rauschende Flüsschen. Nach der Brücke tauchen Sie gleich links in den Wald Richtung Haltern/Lippramsdorf ein. Die Route verläuft nun auf einer Nebenstraße zwischen Lippe und Kanal und wird von Wald und Feldern begleitet. Sie halten sich am Ende der Straße links, radeln dann wieder links auf der Landstraße weiter und überqueren die Lippe. Bald danach verlassen Sie die Landstraße nach links. Sie folgen dann rechts den alten Gleisen und dem Deichweg mit imposantem Blick auf den weitläufigen Chemiepark Marl, den man übrigens mit einer Führung besuchen kann. Sie kehren der Industrieanlage und auch der Lippe schon bald den Rücken und radeln geradeaus auf der Landstraße nach Lippramsdorf hinein. An der T-Kreuzung halten Sie sich rechts Richtung Ortszentrum und erreichen bei der Ampelkreuzung geradeaus das Landgast-

Gute Einkehrmöglichkeit mit gemütlicher Gartenterrasse: das Landgasthaus Föcker

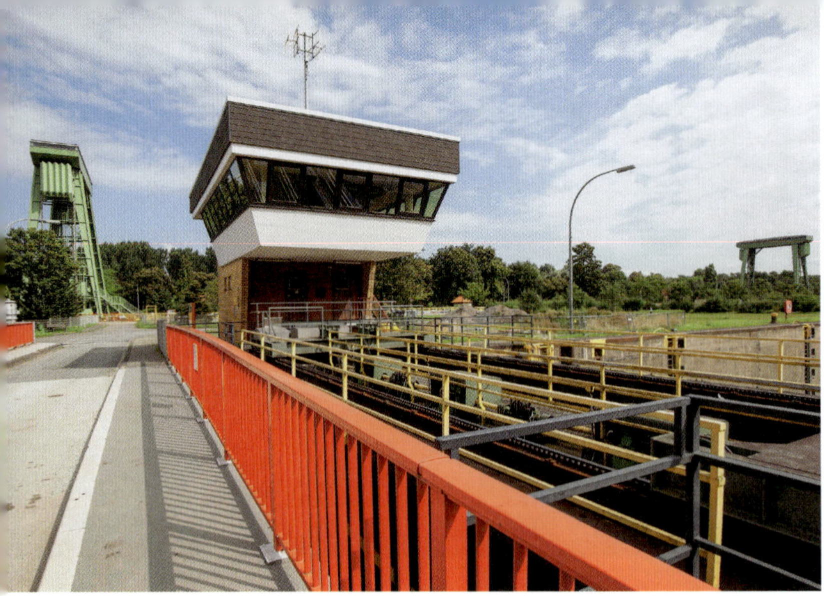

Wesel-Datteln-Kanalschleuse bei Dorsten

haus Föcker, das sich mit seinem netten Gastgarten für einen Stopp anbietet. Die Route geht links vom Gasthaus weiter auf der Birkenallee.

Auf dem Pilgerweg Genau beim Gasthaus Föcker verläuft auch die Pilgerroute, ein europäischer Themenradweg, der von Skandinavien bis nach Santiago de Compostela in Spanien führt. Auf deutschem Boden ist er als D-7 ausgeschildert. Das Logo ist übrigens ein Rad plus die Zahl 7 auf rotem Untergrund. Der spirituellen Route folgen Sie einige Kilometer Richtung Dorsten und genießen dabei die Waldlandschaft und Ruhe im Uferbereich des Wienbachs. Nachdem Sie die Straße auf dem Heidkampweg überquert haben, geht die Route nach links am Prevelingshof vorbei. Sie gelangen danach an eine Kreuzung, wo Sie den Pilgerweg verlassen und links auf den Orthöver Weg einbiegen. Nun überqueren Sie die Gleise, schwenken nach rechts auf einen separaten Radweg an der Landstraße und biegen gleich wieder links auf die Straße Orthöve ein. Dieser Wirtschaftsweg führt Sie mit einer Rechtskurve und zwischen Obstgärten und Spargelfelder hindurch wieder in den Uferbereich der Lippe.

Rechte Seite: Schattiger Abschnitt am Lippe-Radweg bei Marl

Römer-Lippe-Radweg

Der Römer-Lippe-Radweg zwischen dem Chemiepark Marl und Sickingmühle ist bis 2024 wegen umfangreicher Bauarbeiten gesperrt. Eine großräumige Umleitung über Lippramsdorf wurde ausgeschildert.

Am Kanal retour Wieder im Ortszentrum von Hervest, wo Gastronomiebetriebe zu einer Verschnaufpause einladen, radeln Sie an der Kreuzung links und überqueren die Lippe wie auf dem Hinweg. Jetzt halten Sie sich aber rechts und radeln gemütlich durch den Wald Richtung Dorsten zurück. An der Dorstener Schleuse lässt sich gut der Schleusenbetrieb beobachten. Sie können an der Schleuse auch den Wesel-Datteln-Kanal überqueren und auf dem Kanaluferweg nach rechts zurück zum Ausgangspunkt gelangen. Wir schlagen vor, der Straße weiter zurück zur Lippe zu folgen, wo Sie auf dem Rückweg am Südufer nochmals von der herrlichen Flusslandschaft genießen können.

17 Zum Silbersee II bei Lehmbraken

Vom Baggersee zur Freizeitoase

Leicht | 24 km | 2:00 Std.

Tourencharakter
Rundtour auf asphaltierten, teils ungeteerten Rad- und Forstwegen sowie geteerten Neben- und Wirtschaftsstraßen

Ausgangs-/Endpunkt
Parkplatz Hellweg 222 (Strandallee), Haltern am See. Der Bahnhof liegt etwa 3 km entfernt, wobei Sie durch das historische Zentrum von Haltern radeln können.

GPS-Daten
51°45'17.9"N 7°12'21.1"O

Anfahrt
Auto: Haltern am See liegt direkt an der A43 und der B58.
Bahn: Mit der S-Bahn unter anderem ab Essen und Gladbeck

Karte
ADFC-Regionalkarte radrevier.ruhr West, 1:50000

Abkürzung
In Lehmbraken nicht nach links zum Silbersee II abbiegen, sondern auf dem Kuhlenweg geradeaus weiter

Kombinierbar mit
Tour 18 und 19

Einkehr
Restaurant Stadtmühle, Haltern, www.stadtmuehle.restaurant
Strandrestaurant Treibsand, Silbersee II, www.treibsand-silbersee.de
Bock auf Wok in Dülmen, www.bockaufwok.com

Nördlich von Haltern am See erstreckt sich das Naturschutzgebiet Silberseen. Während im See III noch Quarzsand abgebaut wird, erfreuen sich Groß und Klein beim Surfen, Baden oder Tauchen im Silbersee II. Auf dem Rückweg geht es am Schloss Sythen vorbei und entlang des Mühlbachs retour nach Haltern.

Zum Silbersee II Vom Startpunkt nehmen Sie rechts den Radweg entlang des parallel zum Mühlbach verlaufenden Hellwegs zur etwa zwei Kilometer entfernten Ortschaft Sythen. Im Dorf radeln Sie geradeaus bis zum Kreisverkehr. Dort biegen Sie links ab Richtung Dülmen. Sie folgen dann der von schönen Fachwerkhäusern gesäumten Dorfstraße und biegen bei der ersten Möglichkeit nach rechts ab. Jetzt radeln Sie so

Große Teichsmühle am Heubach bei Dülmen

lange auf den Brinkweg, bis das Radschild Sie rechts auf den Kuhlenweg leitet. An Feldern entlang, erreichen Sie die Ortschaft Lehmbraken, wo Sie nach links der Lehmbrakener Straße bis zur stark frequentierten Münsterstraße folgen. Hier halten Sie sich rechts und etwa 100 Meter später überqueren Sie vorsichtig die Straße. Auf der Straße Zum Vogelsberg geht es nun weiter bis zum Strandbad Silbersee II mit Restaurant und Wassersportaktivitäten. Es ist nicht möglich, den See zu umrunden oder an dieser Seite zum Dülmener See zu gelangen. Bleibt nur der gleiche Weg zurück bis zum Kuhlenweg, dem Sie dann nach links folgen.

Zum Dülmener See Kurze Zeit später radeln Sie am Silbersee III entlang und treffen am Nordende des Sees auf den Quarzsandweg (erste Straße), dem Sie nach links folgen. Nach einigen Radminuten erreichen Sie erneut die Münsterstraße, die Sie abermals vorsichtig überqueren. Danach geht es an der Villa am See vorbei zum Dülmener See, der allerdings nur aus der Ferne zu besichtigen ist. Dafür lädt das Café Ahoi mit seiner gemütlichen Terrasse zu einer kurzen Pause ein.
Vom See radeln Sie zurück zur Münsterstraße, auf der Sie nach links ins Zentrum von Hausdülmen gelangen. An der Ampel rechts dem Wegweiser Haltern folgen, an der Kirche abermals nach rechts und dann den Radschildern im Zickzack durch ein Wohnviertel folgen. Schließlich geht es nach links am Sportplatz vorbei und am Heubach entlang durch einen Wald. An der T-Kreuzung links Richtung Sythen radeln. Sie überqueren dann den Heubach mit einer wunderschönen Wassermühle zur Linken und biegen danach rechts auf eine Nebenstraße ein. Nach der Unterquerung der Gleise folgen Sie gleich rechts dem Radweg nach Sythen. Der Mühlenbach begleitet Sie größtenteils entlang der Route und verläuft auch direkt am Schloss Sythen vorbei.

Fachwerktor des Schlosses Sythen

Wassermühle gegenüber dem Schloss Sythen

Über Schloss Sythen zurück nach Haltern am See Aus der Ferne wirkt Schloss Sythen nicht beeindruckend. Nach dem Abriss des Herrenhauses und der Wirtschaftsgebäude durch den Caritasverband Recklinghausen 1971 blieb von der Anlage nur wenig übrig. Nichtsdestotrotz sollten Sie einen Blick in den frei zugänglichen Innenhof mit gepflegtem Schlossgarten werfen. Durch das große Fachwerktorhaus aus dem 16. Jahrhundert gelangt man in die Anlage. Gegenüber dem Tor befindet sich das Kapellenhaus aus dem 14. Jahrhundert. Beide Gebäude wurden vom Abriss verschont, zwischen 1998 und 2002 aufwendig restauriert und dienen heute als Orte für diverse Veranstaltungen.

Basis des Schlosses war eine germanische Wasserburg, die im 8. Jahrhundert erstmals in einer Urkunde auftaucht. Die Burg spielte in den Auseinandersetzungen zwischen Franken und

Sachsen eine große Rolle. Nach zahlreichen Besitzerwechseln in den darauffolgenden Jahrhunderten gelangte das Schloss Ende der 1970er-Jahre in die Hände eines Immobilienmaklers, der sein geplantes Bauvorhaben aber nicht umsetzen konnte. Sythen erwarb 1989 das Anwesen und begann rund zehn Jahre später mit der Restaurierung.

Sehenswert ist auch die gegenüberliegende historische Wassermühle, in der an manchen Tagen Kaffee und Kuchen angeboten werden und die dann zu einer kurzen Rast einlädt.

Sie radeln vom Schloss Sythen weiter Richtung Haltern am See und biegen nach der Brücke rechts in die Blumenstraße ein. Den Radschildern folgend stoßen Sie bald auf den Halterner Stausee, wo Sie nach rechts abbiegen. Am Restaurant Stadtmühle entlang und unter den Gleisen hindurch erreichen Sie geradeaus wieder den Hellweg und dort nach rechts den Parkplatz.

Dülmen

Wenn Lust und Zeit vorhanden sind, dann können Sie ab Hausdülmen einen Abstecher ins sieben Kilometer entfernte Dülmen machen. Der historische Ortskern wurde zwar am Ende des Zweiten Weltkriegs durch Bombenangriffe zerstört, nett ist es trotzdem, am Marktplatz mit dem alten Brunnen zu verweilen.

Marktplatz mit Rathaus in Haltern am See

18

Um den Halterner und den Hullerner Stausee

Ruhig und abwechslungsreich

Leicht | 25 km | 2:30 Std.

Tourencharakter
Rundtour auf meist unasphaltierten Radwegen und Forstwegen entlang des Seeufers

Ausgangs-/Endpunkt
Haltern am See, Wanderparkplatz 37, Hullerner Straße 38. Vom Bahnhof in Haltern sind es rund 1,5 km bis zum Ausgangspunkt.

GPS-Daten
51°44'31.9"N 7°11'49.1"O

Anfahrt
Auto: Haltern am See liegt direkt an der A43 und der B58.
Bahn: Mit der S-Bahn unter anderem ab Essen und Gladbeck

Karte
ADFC-Regionalkarte radrevier.ruhr West, 1:50 000

Abkürzung
Bei der Einmündung der Stever in den Halterner Stausee, kann man die Umrundung um fast die Hälfte abkürzen.

Kombinierbar mit
Tour 17 und 19

Einkehr
Jupp's Biergarten, Halterner Stausee, juppamsee.de
Heimingshof, Hullern, heimingshof.de
Restaurant Stadtmühle, Haltern am See, www.stadtmuehle.restaurant

Die Ruhe und Landschaft beidseitig der Stauseen machen diese Radrunde sehr attraktiv. Unterwegs bieten sich von den waldreichen Ufern ab und an schöne Seeblicke. Die idyllische Stever speichert und verbindet beide Seen. Am Ende der Umrundung kann man die Besichtigung von Haltern am See einplanen.

Entlang des Südufers Der Halterner Stausee ist mit einer Fläche von rund 300 Hektar einer der größten Seen der Region. Er wurde 1930 angelegt und später vergrößert, um Teile des Ruhrgebiets und des Münsterlands mit Wasser zu versorgen. Der See ist auch eine der größten archäologischen Fundstellen der Region. Heute ist er vor allem Erholungsgebiet. Die ersten Kilometer verlaufen am Südufer des Sees. Sie folgen vom Wanderparkplatz 37 dem Radweg Richtung Hullern und passieren das Strandbad mit Sandstrand. Beim Biergarten Jupp mit dem Kletterwald Haltern für Kinder halten Sie sich links und folgen

Sicherer Radweg im Stadtgebiet von Haltern am See

dem Rad- und Wanderweg am Ufer. Unterwegs gibt es teilweise freie Sicht auf den See.

Befestigter Rundradweg am Halterner Stausee

An der Stevermündung Schon bald kehren Sie dem Halterner Stausee den Rücken. Sie radeln am Vogelschutzgebiet Seebucht Hohe Niemen entlang zum Durchgangsweg, wo Sie an der Ampel die Straße geradeaus überqueren. Auf der anderen Straßenseite folgen Sie dem Radweg rechts und biegen direkt links zum Hotel ab. Nun geht es geradeaus über den Hotelparkplatz weiter. Danach führt die Route durch Wald und Sie

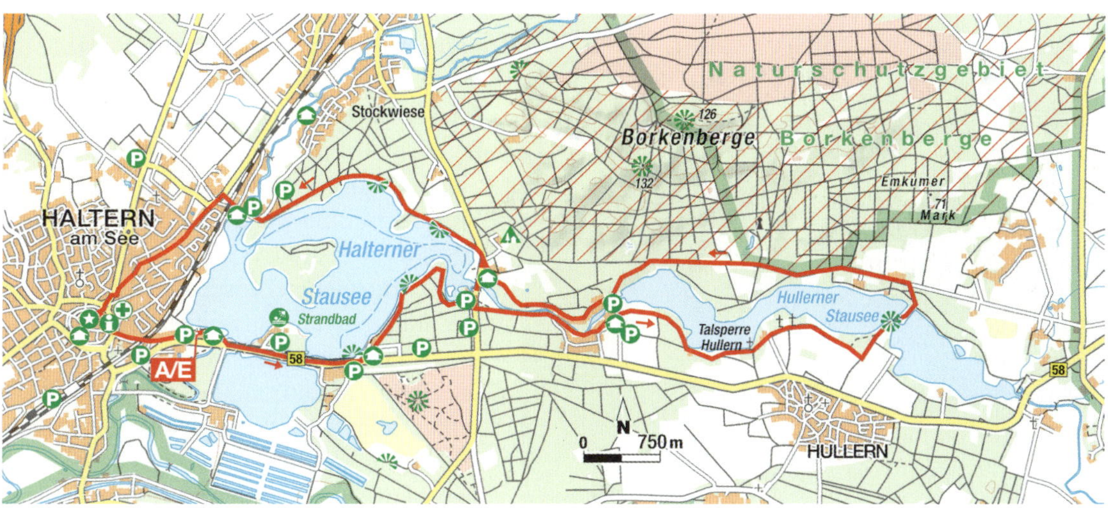

gelangen so zum Ufer der Stever. Die Strecke verläuft jetzt auf einem Waldweg durch wunderschönen Auenwald bis zum Bootsverleih. Hier steigt die Route rechts kurz an zur Straße, der Sie links an einer Häuserzeile entlang folgen. Sie halten sich nochmals links und stoßen dann auf das Ausflugslokal Heimingshof, wo Sie rechts durch den Wald am Ufer des Hullerner Sees weiterradeln.

Unten: Ausflugslokal Heimingshof am Hullerner Stausee

Ganz unten: Den Radweg am Hullerner Stausee nicht verlassen: Trinkwassergewinnungsgebiet!

Um den Hullerner See Viel ruhiger wird es nun am Hullerner Stausee. Er wurde im Jahre 1985 fertiggestellt und liegt malerisch im Naturpark Hohe Mark. Der See ist bis zu acht Meter tief, aber baden ist hier wegen der Trinkwassergewinnung strengstens verboten. Nur Wanderer und Radfahrer besuchen deswegen den See. Den Ort Hullern sehen Sie lediglich aus der Ferne, wo die Dorfkirche über die Felder und Dächer herausragt.
Bei einer Kapelle halten Sie sich links und gelangen so direkt ans Seeufer. Über die Rad- und Fußgängerbrücke mit schönem Seeblick erreichen Sie das andere Ufer. Sie radeln jetzt geradeaus bis zur Asphaltstraße, der Sie links folgen, etwa parallel am Stausee. Weiter geht es durch das Naturschutzgebiet Borkenberg auf einem sandigen Forstweg bis zum Stauwehr. Hier begegnen Sie wieder der Stever, deren Nordufer von schönen Häusern gesäumt wird.

Am Nordufer des Halterner Sees Sie stoßen nun auf die Durchgangsstraße, die Sie überqueren, dann folgen Sie dem Weg rechts. So gelangen Sie zum gut ausgebauten Radweg am unbebauten und waldreichen Nordufer des Halterner Stausees. Hier lassen sich das ganze Jahr hindurch Wasservögeln wie Gänse und Enten, Haubentaucher und Graureiher, aber auch Kormorane beobachten. Am Ende der Strecke passieren Sie den Halterner Jachthafen, wo ein Res-

Rad- und Fußgängerbrücke über den Hullerner Stausee

taurant am Ufer viele Radfahrer und Wanderer zum Einkehren verlockt. Die Radroute geht geradeaus weiter, unter den Gleisen hindurch. Den Radschildern nach links folgend gelangen Sie über den Bergweg schließlich ins Ortszentrum von Haltern am See. Orientieren Sie sich einfach am Turm der Sixtuskirche.

Haltern am See Das Ortszentrum ist klein und mit dem Rad an der Hand leicht zu erkunden. In der Touristeninformation im Alten Rathaus am Markt gibt es einen guten Stadtplan mit Rundgang zu den historisch interessantesten Bauwerken und Plätzen. Das Rathaus wurde 1575 errichtet, aber nach der völligen Zerstörung im Zweiten Weltkrieg in abweichender Form wiederaufgebaut. Gegenüber dem Rathaus erhebt sich die neugotische Sixtuskirche mit dem beeindruckenden Antwerpener Altar aus dem 16. Jahrhundert und einem Kruzifix aus dem 14. Jahrhundert. Versäumen sollten Sie nicht den Besuch des Römermuseums mit seinen rund 1200 Exponaten. Es befindet sich in der Weseler Straße 100, ungefähr dort, wo sich vor 2000 Jahren eine der wichtigsten militärischen Anlagen der Römer befand.

Einkehr

Bei Jupp's Biergarten ist für alle etwas dabei. Gemütlicher Gastgarten mit Bier, Café und Kuchen und für die Kleinen gibt es einen schönen Kletterpark. Achten Sie auch auf den Veranstaltungskalender von Haltern. Fast das ganze Jahr hindurch gibt es Events, von den Bootstagen am Stausee bis hin zu den Römertagen.

Römermuseum in Haltern am See

19

An der Lippe bei Haltern

Natur am Rande des Ruhrgebiets

Leicht | 33 km | 3:00 Std.

Tourencharakter
Rundtour auf größtenteils befestigten Kieswegen; etwas holperig um den Baggersee bei Flaesheim. Asphaltierter Radweg in Haltern und entlang der Landstraße nach Flaesheim

Ausgangs-/Endpunkt
Haltern am See, Wanderparkplatz 37, Hullerner Straße 38. Vom Bahnhof in Haltern sind es rund 1,5 km bis zum Ausgangspunkt.

GPS-Daten
51°44'31.9"N 7°11'49.1"O

Anfahrt
Auto: Haltern am See liegt direkt an der A43 und der B58.
Bahn: Mit der S-Bahn unter anderem ab Essen und Gladbeck

Karte
ADFC-Regionalkarte radrevier.ruhr Ost, 1:50000

Abkürzung
Die Umrundung des Baggersees bei Flaesheim erspart etwa 5 km.

Kombinierbar mit
Tour 17, 18 und 20 (ab Schleuse Ahsen)

Einkehr
Jupp's Biergarten, Halterner Stausee, juppamsee.de
Café/Konditorei Brinkert, Flaesheim

Diese Rundroute folgt einer Etappe des Römer-Lippe-Radwegs zwischen Haltern am See und Ahsen. Zurück verläuft sie mal am Kanal entlang, mal durch Wald und an einem schönen Baggersee vorbei. Leichte Steigungen über den Schrammberg und den Dachsberg durch das Naturschutzgebiet Die Haard bilden fast zum Schluss noch eine kleine Herausforderung auf dieser abwechslungsreichen Runde.

Lippetal bei Flaesheim

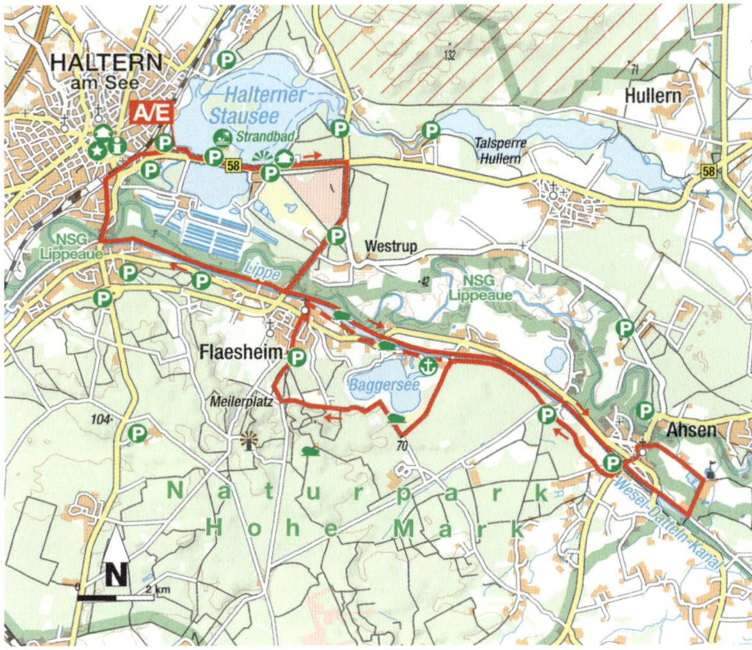

Am Halterner Stausee Vom Wanderparkplatz 37 in Haltern am See radeln Sie Richtung Halterner See und folgen dabei den Radschildern Hullern. Der schattige Radweg führt am Seeufer entlang, vorbei am Strandbad und bietet immer wieder schöne Ausblicke auf den Stausee. Sie radeln am beliebten Ausflugslokal Jupp's Biergarten geradeaus weiter bis zur Ampelkreuzung. Hier verlassen Sie den Halterner Stausee. Sie folgen nun dem Radschild und dem Symbol des Römer-Lippe-Radwegs nach rechts Richtung Flaesheim. Die nächsten Kilometer verlaufen zwischen weiten Heideflächen des Naturschutzgebiets Westruper Heide zum Wesel-Datteln-Kanal. Sie überqueren unterwegs die idyllische Lippe und radeln kurz vor der nächsten Brücke links hinunter zum Kanal. Den Verkehr lassen Sie jetzt hinter sich.

Wasserschloss Haus Vogelsang bei Ahsen

Am Kanal zur Schleuse Ahsen Die nächste Etappe führt auf einem guten Kiesweg am Ufer des Wesel-Datteln-Kanals entlang. Eine Besichtigung von Flaesheim am anderen Ufer heben Sie sich am besten für später auf, denn die Tour durchquert den Ort auf dem Rückweg. Ins Auge springt jetzt die Schleuse Flaesheim. Nach einigen ruhigen Kilometern am Kanal entlang erreichen Sie die Schleuse Ahsen. Kurz vor ihr kehren Sie

dem Kanal den Rücken. Bei der Gabelung halten Sie sich links Richtung Haus Vogelsang, kurz danach gleich wieder nach links in den kerzengeraden Waldweg (Vogelsangweg) einbiegen. Der Weg endet direkt vor den Toren des kleinen, hübschen Wasserschlosses. Der Wassergraben um das private Anwesen wird von der Lippe gespeist, die nicht weit hinter dem Schloss verläuft.

Holzkohlenmeiler bei Flaesheim

Abwechslungsreicher Abschnitt Dem Vogelsangweg weiter folgend gelangen Sie vom Wasserschloss durch die schöne Lippeaue nach Ahsen. Im kleinen Ort stoßen Sie auf die Durchfahrtsstraße (Lippestraße), der Sie nach links bis zur Ampel folgen. Hier verlassen Sie Ahsen geradeaus und überqueren den Wesel-Datteln-Kanal. Am anderen Ufer folgen Sie dem Radschild nach rechts. Die Route führt Sie nun durch die Bauernschaft Ostleven und eine waldreiche Gegend zurück zum Kanal. Sie können jetzt am linken oder rechten Ufer Richtung Flaesheim weiterradeln. Bei der nächsten Kanalbrücke verlassen Sie nach links schon wieder den Kanal. Entlang der Marina Flaesheim und einem Campingplatz radeln Sie jetzt geradeaus auf einem Waldweg. Ein Tor im Zaun an der rechten Seite verleitet dazu, das Rad mal abzustellen und am Ufer des Baggersees eine kurze Pause einzulegen. Der See ist aber Privatgelände! Leicht ansteigend geht es über den Schrammberg und Dachsberg weiter. Zwischen den Bäumen ist der Ausblick auf den See besonders beeindruckend. Der Waldweg um den Baggersee endet schließlich an einer T-Kreuzung, wo Sie rechts nach Flaesheim gelangen. Kurz nach der T-Kreuzung radeln Sie an

Schöner Rastplatz am Lippe-Radweg

einem Holzkohlenmeiler im Wald vorbei, vielleicht interessant, um hier kurz anzuhalten.

Am Wesel-Datteln-Kanal zurück Flaesheim ist ein netter, kleiner Ort mit einigen hübschen Fachwerkhäusern und einer bemerkenswerten Stiftskirche aus dem 12. Jahrhundert. Sie radeln im Ort geradeaus auf die Kirche zu bis zur Ampel. Hier dem Radschild nach rechts Richtung Haltern am See/Kanal folgen und gleich wieder links abbiegen. Sie überqueren nun den Kanal auf einer Rad- und Fußgängerbrücke und folgen auf der anderen Seite rechts dem Wegweiser Haltern am See. Nun bleiben Sie am Kanal bis zum Kanuclub, wo das Radschild nach rechts weist und Sie die Route nochmals rechts auf einer Nebenstraße fortsetzen. Sie verlassen dabei den Kanal und radeln rechts über die Lippe nach Haltern am See hinein. An der Ampel links abbiegen und am Ende der Straße nicht geradeaus durch den Radtunnel zum Bahnhof fahren, sondern dem Wegweiser rechts zum Halterner Stausee folgen. Entlang der Gleise und am Rande der Stadt radelnd erreichen Sie in einem Bogen wieder den Parkplatz, wo die Tour begann.

Wegführung an der Lippe

Beachten Sie vorab die Umleitungen, Sperrungen und Behinderungen an der Lippe. Die Lippefähre Maifisch ist außer Betrieb und die Lippebrücke bei Eversum-Ahsen ist dauerhaft gesperrt! Aktuelle Informationen auf der Website des Römer-Lippe-Verbands.

Befestigter Versorgungs- und Radweg am Wesel-Datteln-Kanal

20 Am Dattelner Meer

Kanäle aus allen Himmelsrichtungen

Mittel | 47 km | 4:00 Std.

Tourencharakter
Rundtour auf asphaltierten Nebenstraßen und Radwegen an Landstraßen sowie befestigten Kieswegen entlang der Kanäle

Ausgangs-/Endpunkt
Parkplatz an der Schleuse Ahsen, Schleusenstraße, Datteln

GPS-Daten
51°41'19.8"N 7°19'06.9"O

Anfahrt
Auto: Der Ausgangspunkt liegt direkt an der L609 zwischen Haltern am See und Datteln.
Bahn: Der nächstgelegene Bahnhof (S, RB, RE) ist in Recklinghausen (ca. 13 km).

Karte
ADFC-Regionalkarte radrevier.ruhr Ost, 1:50000

Abkürzung
Südlich von Bork nicht weiter nach Alstedde, sondern geradeaus nach Waltrop, wo Sie wieder auf die Route am Kanal stoßen.

Kombinierbar mit
Tour 19 und 21

Einkehr
Restaurant Mutter Althoff, Vinnum, www.mutter-althoff.de
Restaurant Heideblümchen, Altstedde, heidebluemchen.com
Hafenrestaurant, Datteln, hafenrestaurant-datteln.de

Bei Datteln kommen verschiedene Kanäle zusammen und bilden hier den größten Wasserknotenpunkt der Welt. Diese Route führt gemütlich an mehreren Kanälen entlang, weitab von Straßenverkehr, begegnet mehrmals der idyllischen Lippe und folgt einem Abschnitt der wunderschönen Alten Fahrt mit einer herrlichen Kanalbrücke über die Lippe.

Zum Wasserknotenpunkt Der Start an der Schleuse Ahsen ist bereits beeindruckend. Sie radeln schon wenige Meter nach dem Parkplatz über die Schleuse mit freiem Blick auf den Schiffsverkehr und den Schleusenvorgang und folgen am anderen Ufer nach rechts dem Kiesweg auf dem Deich. Die schöne Strecke mit weiten Aussichten über Felder und Wiesen einerseits und den Wesel-Datteln-Kanal andererseits führt zur nächsten Schleuse bei Datteln. Hier geht es geradeaus weiter am Dattel-

Wehr in der Alten Fahrt bei Datteln

ner Meer. Das Wasser der verschiedenen Kanäle breitet sich am Knotenpunkt weit aus. Sie erreichen in einem Bogen nach links den Dortmund-Ems-Kanal, den Sie aber bei der neuen Brücke gleich wieder nach links verlassen. Nun setzen Sie die Tour auf dem schattigen Radweg am linken Ufer der beschaulichen Alten Fahrt fort.

Historische Kanalbrücke über die Lippe zwischen Olfen und Datteln

Alte Fahrt Die Alte Fahrt ist ein stillgelegter Teil des Dortmund-Ems-Kanals. Beeindruckend ist die denkmalgeschützte, von drei Bögen getragene Kanalbrücke rund 18 Meter über der idyllischen Lippe. Sie ist ein wahres Meisterwerk der Ingenieurskunst. Der Radweg verläuft direkt über die 70 Meter lange Brücke. Kurze Zeit später weist der Radwegweiser Sie nach rechts über die Alte Fahrt auf eine ruhige Nebenstraße in Richtung Bork. Die Route begeg-

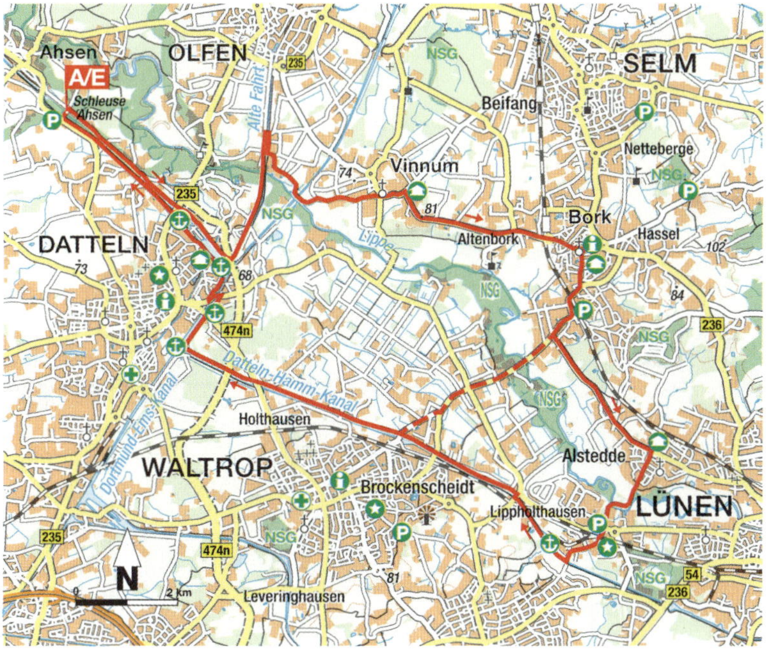

Schon lange nicht mehr in Betrieb: der Kanal die Alte Fahrt

net erneut der Lippe, unterquert die moderne Kanalbrücke des Dortmund-Ems-Kanals und führt dann nach Vinnum. Der Ort liegt bereits im Münsterland und auf der Fahrt nach Bork sind am Horizont die höchsten Erhebungen des Münsterlands, die Baumberge, sichtbar.

Schönes Fotomotiv: die Fachwerkschlossmühle Buddenburg

Zur Lippeaue Getreide und Maisfelder begleiten ab nun die Route weiter nach Bork. Sie radeln geradeaus ins Ortszentrum hinein und biegen nach der Kirche rechts auf die breite Fahrradstraße Richtung Lünen ein. Nun folgen Sie den Radschildern durch den Ort, unterqueren die Gleise und biegen kurz danach links nach Lünen ab. Dem separaten Radweg entlang der Landstraße folgen Sie bis ins beschauliche Alstedde. Bei der Kreuzung am Ortsrand halten Sie sich rechts Richtung Lippholthausen und lassen den Verkehr hinter sich. Kurz darauf erreichen Sie das Naturschutzgebiet Lippeaue. Die wunderschöne Auenlandschaft und der Fischaufstieg in der Lippe bieten Ruhe und Natur pur – ein schöner Platz, um eine Pause einzulegen. Zudem informieren Tafeln über die Geschichte und den Werdegang der Region. Sie überqueren danach die Lippe auf einer Radbrücke, die als Bindeglied zwischen dem Natur-

Wegweiser, Knotenpunktnummer und Infotafel erleichtern die Orientierung an den Radwegen – wie hier nahe Lippholthausen.

schutz am einen und der Industrielandschaft am anderen Ufer fungiert. Geradeaus gelangen Sie zum Radknotenpunkt 25, wo Sie die stark frequentierte Ortsdurchfahrt überqueren und so zur Schlossmühle Buddenburg kommen. Die 250 Jahre alte Fachwerkmühle ist wunderschön restauriert und dient heute als Standesamt.

An drei Kanälen Von der Schlossmühle radeln Sie weiter Richtung Brambauer auf einer ruhigen und schattigen Nebenstraße. Sie führt kurz durch Industriegelände und dann links auf dem Radweg hoch zum Datteln-Hamm-Kanal. Sie überqueren den Kanal und lassen das Rad links hinunterrollen zum Knotenpunkt 26 am Kanalufer. Nun folgen Sie links der Route der Industriekultur Richtung Schiffshebewerk Henrichenburg, immer am Kanal entlang bis zur nächsten Kanalbrücke. Hier stoßen Sie auf eine T-Kreuzung und wechseln rechts ans andere Ufer. Der Weg zum Kanal ist leider nicht gut ausgeschildert! Nach der Brücke rechts halten Richtung Lünen und dann die erste Straße wieder rechts Richtung Waltrop einbiegen. Ab nun folgen Sie auf dem Kiesweg dem Datteln-Hamm-Kanal gemütlich und weitab vom Verkehr und der Bebauung bis zum Ende des Kanals. Hier geht es dann rechts am Dortmund-Ems-Kanal weiter und Sie radeln um den Dattelner Hafen herum, fahren rechts und dann links über die Kanalbrücke nach Datteln hinein. Am anderen Ufer folgen Sie den Radschildern nach rechts, die Sie zurück zum Wesel-Datteln-Kanal leiten, dem Sie bis zur Schleuse Ahsen, dem Ausgangspunkt der Tour, folgen.

Einkehr

Das traditionsreiche, ruhig gelegene Restaurant Zum Ankerplatz mit gemütlichem Biergarten bei der Schleuse Datteln ist eine gute Adresse für einen kulinarischen Stopp auf dem Rückweg zum Ausgangspunkt.

21

An der Seseke

Grün, idyllisch, ländlich

Leicht | 34 km | 3:00 Std.

Tourencharakter
Rundtour auf befestigten Kieswegen entlang der Seseke und des Datteln-Hamm-Kanals sowie auf einer asphaltierten Bahntrasse

Ausgangs-/Endpunkt
Parkplatz P2, Preußenstraße 49, Lünen

GPS-Daten
51°35'32.8"N 7°32'53.1"O

Anfahrt
Auto: Der Seepark Lünen liegt nahe der A2, Ausfahrt Dortmund-Lanstrop.
Bahn: Eine Verbindung mit der Regionalbahn (RB) und eine mit dem Regional-Express (RE) zum Bahnhof in Lünen-Preußen. Von hier sind es ca. 800 m bis zum Ausgangspunkt.

Karte
ADFC-Regionalkarte radrevier.ruhr Ost, 1:50000

Abkürzung
Von Kamen nicht auf der Bahntrasse zum Datteln-Hamm-Kanal, sondern auf dem Seseke-Radweg wieder retour

Kombinierbar mit
Tour 20

Einkehr
Café Seepark Lünen
Restaurant Casa Tua, Kamen, www.casatua-kamen.de
Restaurant Hotel-Stadt-Kamen, www.hotel-stadt-kamen.de
Konditorei/Café Telgmann, Werne, www.konditorei-telgmann.de

Im Mittelpunkt dieser Rundroute steht die 32 Kilometer lange Seseke, ein linksseitiger Nebenfluss der Lippe. Im Zuge eines Renaturierungsprogramms ab Mitte der 1980er-Jahre wurde aus dem einst schmutzigen Abwasserlauf ein nahezu sauberer Fluss mit naturnaher Uferlandschaft samt schönem Radweg.

Am Seepark Lünen Ein guter Startpunkt für diese Route ist der Parkplatz P2 beim Seepark Lünen. Der rund 63 Hektar große Park wurde im Rahmen der Landesgartenschau 1996 nahe dem Datteln-Hamm-Kanal angelegt. Er erstreckt sich um den Horstmarer See, dessen südlicher Teil als Naturschutzgebiet ausgewiesen ist, während das Nordufer als Strandbad dient.
Vom Parkplatz P2 geht es zunächst zum Kreisverkehr und hier nach links zum Seepark südlich der Sesekemündung in den Ka-

Nach der Renaturierung wieder grün: die Ufer der Seseke

nal. Sie folgen dem Rad- und Wanderweg am See und Badestrand entlang bis zur Kreuzung kurz vor der Kanalbrücke. Hier halten Sie sich rechts Richtung Bergkamen und radeln dann auf dem schönen Radweg direkt am Damm.

Naturnahe Flussetappe

Der Seseke-Radweg verläuft nun am Flussufer mit freiem Blick auf das Gewässer. Einmal verlassen Sie kurz den Fluss nach rechts, gelangen aber schon bald wieder nach einem Hofladen mit einer Linkskurve zum idyllischen Fluss zurück. Sie folgen ihm weiter stromaufwärts, mal am linken, mal am rechten Ufer Richtung Kamen. Die Seseke schlängelt sich dabei durch eine schöne, friedliche Landschaft aus grünen Wiesen, bunten Wildblumenflächen und Getreidefeldern. Die Route überquert die Landstraße und unterquert bald danach die Autobahn. In Kamen verlieren Sie bis zum Knotenpunkt 15 den Fluss aus dem Blick. Sie queren hier die Seseke, halten sich dann gleich links Richtung Zentrum Kamen und überqueren die Straße geradeaus.

Im Rahmen der Renaturierung der Seseke ist in der Innenstadt von Kamen ein netter Uferpark entstanden, der sich für eine kurze Rast anbietet

Kunst am Seseke-Radweg

Einkehr in Werne

In der über 100 Jahre alten Traditionsschänke Fränzers, am Marktplatz 14 in der Altstadt von Werne, werden von Montag bis Samstag die Gäste unter anderem mit Tapas und mediterranen Gerichten verwöhnt (fraenzers.de).

und an dessen Ende eine Straße nach links direkt ins Zentrum führt. Auch das Areal rund um den Marktplatz samt historischem Rathaus bietet sich für einen kurzen Stopp an. Zudem gibt es auch noch wunderschöne Fachwerkhäuser im Altstadtkern zu bewundern, wie etwa die alte Rathaus-Apotheke, wohl eines der schönsten Fachwerkhäuser der Stadt.
Die Route geht aber am Ende des Uferparks nicht nach links ins Zentrum, sondern nach rechts Richtung Bönen und dem Radknotenpunkt 1.

Auf der Bahntrasse nach Werne Beim Knotenpunkt 1 verabschieden Sie sich von der Seseke und dieser Rundkurs biegt in Richtung Norden nach Werne ab. Der schöne Bahntrassenradweg auf der ehemaligen Klöcknerbahn führt zügig durch Wald, entlang von Wiesen und Feldern, vorbei am Ort Bergkamen zum Datteln-Hamm-Kanal. Hier endet die Bahntrasse. Sie halten sich links Richtung Werne, queren den Kanal und radeln am anderen Ufer nach rechts hinunter. Links erreichen Sie nach etwa zwei Kilometern die Altstadt von Werne, ein lohnenswerter Abstecher für einen Spaziergang durch den historischen Stadtkern mit sehenswertem Rathaus und mittelalterlichen Fachwerkhäusern. Bekannt ist Werne allerdings für sein Solebad und das nahe gelegene Gradierwerk.

Im Zentrum von Kamen

Zur Lippeaue Weiter geht es mit Blick auf die imposante Marina Rünthe am linken Ufer des Datteln-Hamm-Kanals entlang. Bereits nach kurzer Zeit führt die Route rechts mit einem großen Bogen um das Kraftwerk Bergkamen herum, das durch Wald den Blicken vollständig entzogen wird. Nach der schattigen Runde geht es wieder zurück am Datteln-Hamm-Kanal und Sie folgen dem Uferweg weiter Richtung Lünen bis zum Knotenpunkt 18. Sie halten sich hier an den Radwegweiser nach rechts Richtung Lünen-Mitte und gelangen gleich rechts, nach der Überquerung der Straße geradeaus, zum Naturschutzgebiet Rothenbachauen. Ein Aussichtspunkt am Radweg bietet einen schönen Panoramablick auf die Auenlandschaft. Der Rothenbach begleitet die Route noch ein Stück, bis er in die Lippe mündet. Ein kurzer Blick noch auf die Lippe, bevor es links über einen Waldweg zurück Richtung Seepark Lünen geht. Vorsicht beim Überqueren der Straße! Durch den Volkspark und am Schloss Schwansbell vorbei gelangen Sie auf einer Radbrücke über den Kanal, schließlich wieder zum Horstmarer See und Strandbad und danach zum Ausgangspunkt zurück.

Aussichtsplattform im Naturschutzgebiet Rothenbachauen

Strand am Horstmarer See im Seepark Lünen

Baden
verboten

Region Niederrhein

Rastplatz am Diersfordter Waldsee (Tour 24) (o. li.). Spielplatz an der Xantener Südsee (Tour 26) (o. re.). Guter Orientierungspunkt: das Landhaushotel Wacht am Rhein bei Büderich (Tour 25) (u. re.). Blick auf den Niederrhein bei Bislich (Tour 24) (u. li.).

22

Am Niederrhein bei Duisburg

Große Kontraste am Strom

Leicht | 29 km | 2:30 Std.

Tourencharakter
Rundtour auf asphaltierten Wirtschaftsstraßen und Radwegen in Orten sowie befestigten Kieswegen am Rheinufer

Ausgangs-/Endpunkt
Parkplatz Richard-Hindorf-Platz, Duisburg Ruhrort

GPS-Daten
51°27'18.7"N 6°43'43.7"O

Anfahrt
Auto: A 59, Ausfahrt Duisburg Ruhrort oder A 40, Ausfahrt Duisburg-Homberg
Bahn: Mehrere Verbindungen mit der Regionalbahn zum Bahnhof Ruhrort, etwa 600 m vom Startpunkt entfernt

Karte
ADFC-Regionalkarte radrevier.ruhr West, 1:50 000

Kombinierbar mit
Tour 1

Einkehr
Gasthof Mütterlein, Orsoy, www.gasthaus-muetterlein.de
Walsumer Hof, Walsum, www.walsumerhof.de
Biergarten Mühlenweide, Ruhrort, www.facebook.com/BiergartenDuisburg

Größer könnte der Unterschied zwischen den Rheinufern nicht sein: Während sich am linken Ufer Blumenwiesen, Kornfelder und Obstgärten abwechseln, wird die rechte Uferseite von riesigen Industrieanlagen geprägt, die aber auch ihren Reiz haben.

Ruhrort Die Runde startet an der Mündung der Ruhr in den Rhein im Duisburger Stadtteil Ruhrort. Um den Radknotenpunkt 39 unterhalb der auffallenden Brückentürme kann geparkt werden. Die an ein monumentales Stadttor erinnernden Türme wurden für den Brückenzoll errichtet und waren einst Teil der ursprünglichen Eisenbrücke, die aber nicht mehr erhalten ist. Sie radeln an den Türmen entlang und queren den Rhein auf der modernen Hängebrücke. Am anderen Ufer springt ein weiterer, massiver Turm ins Auge: der Homberger Hebeturm. Bevor die großen Eisenbahnbrücken über den Rhein im

Im Zentrum von Orsoy am Niederrhein

19. Jahrhundert erbaut wurden, bildeten Dampffähren die Bindeglieder im Bahnnetz an der linken und rechten Seite des Niederrheins. Die Wagons wurden dabei von den Gleisen auf eine Aufzugplattform gehoben und dann auf das Deck der Fähre geladen bzw. umgekehrt.

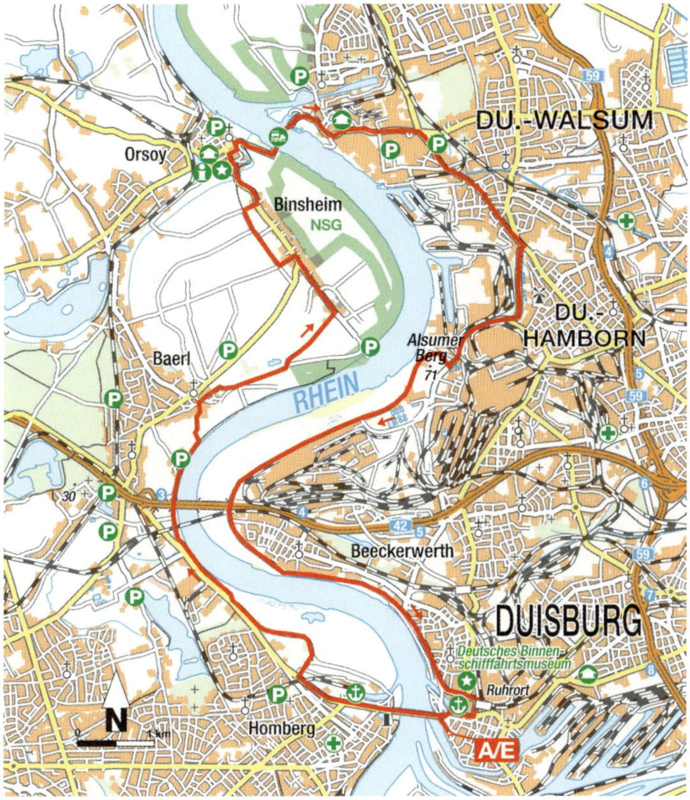

Am ländlichen linken Rheinufer Am anderen Ufer müssen Sie zunächst geradeaus entlang der Straße radeln, obwohl Radkarten einen Weg rechts gleich nach der Brücke aufweisen. Sie biegen nach einigen Radminuten schließlich rechts Richtung Rhein ab und folgen dem Fluss stromabwärts, mal unterhalb, mal oberhalb des Rheindamms mit schönen Fernsichten auf den Strom, typische Flussauen und die Industrielandschaft an der anderen Uferseite. Sobald der Radweg die Autobahn unterquert, zeigt die Landschaft einen ländlichen Charakter mit Feldern, Obstgärten und kleinen, von der Landwirtschaft geprägten Orten. Sie folgen den Wegweisern Richtung Binsheim/Baerl, einer schönen ruhigen Strecke etwas abseits vom Fluss.

Perle am Niederrhein Ziel und gleichzeitig Wendepunkt dieser Tour ist das hübsche Orsoy, eine architektonische Perle am Niederrhein. Die ehemalige Handelsstadt ist klein, aber fein und mit ihren Sehenswürdigkeiten sowie netten Einkehrmöglichkeiten ein Anziehungspunkt für Radler und Tagestouristen. Der Ort begrüßt die Besucher mit farbenprächtigen, alten Bürgerhäusern. Im historischen Ortskern stoßen Sie auf das schmucke Rathaus von 1600, das an den grünen Fensterläden leicht erkennbar ist. Die schönen Giebelhäuser erinnern heute noch an die Blütezeit des Orts. Die Kirchen, der alte Pulverturm und die Festungsmauern sind ebenfalls einen Blick wert. Teile der historischen Wälle sind erhalten und laden zu einem Spaziergang ein. Und auch die kleine Rheinpromenade trägt zum Charme von Orsoy bei.

Industrielandschaft am Rhein bei Duisburg

Radweg am Niederrhein bei Homberg

Die Radroute geht im historischen Ortszentrum rechts weiter Richtung Duisburg-Walsum ans Rheinufer. Hier lassen Sie sich mit einer Autofähre von Orsoy zum anderen Rheinufer nach Walsum-Dinslaken übersetzen und genießen den Weitblick auf den Wasserweg mit den kontrastreichen Uferlandschaften.

Am rechten Rheinufer zurück Ab der Fähre geht es im Bogen nach rechts auf der Rheinstraße weiter. An der T-Kreuzung und dem Radknotenpunkt 20 halten Sie sich rechts Richtung Duis-

burg-Zentrum und dem Radknotenpunkt 21. Kurze Zeit später erreichen Sie die Ampel an der Römerstraße. Hier radeln Sie rechts auf einem Radweg entlang der Römerstraße Richtung Binnenschifffahrtsmuseum und Alsumer Berg. Immer der Römerstraße nach, der Unterführung der Hamborner Straße folgend, geht es nach der ARAL-Tankstelle rechts auf den Willy-Brandt-Ring und kurze Zeit später wieder rechts auf der Alsumer Straße weiter. Sie umfahren dabei das Thyssen-Krupp-Stahlwerk und werden von den Radschildern auf den Alsumer Steig geleitet, den Sie kurz vor dem Rhein nach links Richtung Modellflugplatz verlassen. Ab nun radeln Sie zwischen Rheinufer und Alsumer Berg. Wer noch Zeit und Kraft hat, der kann zum Aussichtspunkt am Alsumer Berg hochradeln, von wo aus man die Industrielandschaft am besten sehen kann. Nach dem Alsumer Berg radeln Sie immer zwischen Rheinufer und Industrieanlagen weiter, unterqueren die Brücke der A42 und danach die Eisenbahnbrücke (Knotenpunkt 36) und folgen dem Radweg stromabwärts bis zum Radknotenpunkt 26. Hier radeln Sie hoch zur Dammstraßenbrücke, nach der Sie wieder den Ausgangspunkt erreichen.

Schifffahrtsmuseum

Ein Besuch des 1974 gegründeten Museums der Deutschen Binnenschifffahrt, das in der ehemaligen, im Jugendstil erbauten Ruhrorter Badeanstalt untergebracht ist, lohnt sich. Es ist nur einen Steinwurf von der Radroute entfernt.

Oft werden der Rhein und die Industrie am Fluss vom Grün verdeckt.

23

Zwischen Rhein und Lippe

Abwechslungsreiche Zwei-Flüsse-Tour

Mittel | 50 km | 4:30 Std.

Tourencharakter
Rundtour auf befestigten Kieswegen, asphaltierten Nebenstraßen und Waldwegen

Ausgangs-/Endpunkt
Parkplatz an der Rheinpromenade in Wesel

GPS-Daten
51°39'24.0"N 6°35'51.5"O

Anfahrt
Auto: A3, dann auf der B58 oder B473 und B8 nach Wesel, dort auf der Fischertorstraße zur Rheinpromenade
Bahn: Verschiedene Verbindungen mit der Regionalbahn (RB) und dem Regional-Express (RE). Vom Bahnhof sind es ca. 3 km zum Ausgangspunkt.

Karte
ADFC-Regionalkarte radrevier.ruhr West, 1:50000

Abkürzung
Ab Knotenpunkt 86 in Götterswickerhamm nach Voerde/Knotenpunkt 87 und dann nach Wesel zurück

Kombinierbar mit
Tour 14 und 24

Einkehr
Restaurant Rheinwacht, Voerde, www.rheinwacht.com
Restaurant Zur Arche, Voerde, www.zur-arche.de
Gaststätte Strandhaus Ahr, Voerde, www.strandhausahr.de

Eine Route, bei der Sie nicht nur die Schönheit der Flusslandschaften am Niederrhein erfahren werden. Sie durchqueren neben Wiesen und Feldern auch stille Wälder sowie das Gebiet der Tenderingsseen. Auch streifen Sie niederrheinisches Hügelland. Fast am Ende dieser abwechslungsreichen Runde setzt die Überfahrt mit der Lippefähre Quertreiber das Pünktchen auf das i.

Nach Spellen Vom Startpunkt an der Rheinpromenade in Wesel folgt die Route zunächst dem Radweg Richtung Innenstadt. Sie biegen an der Ampelkreuzung rechts auf den Südring ab und halten sich an der nächsten Ampel wieder rechts Richtung moderner Rheinbrücke. Sie queren die Lippe, radeln unmittelbar vor der Rheinbrücke rechts hinunter und unterqueren die Brücke. Auf der anderen Seite folgen Sie dem Radschild nach rechts. Sie lassen Stadt und Verkehr jetzt

Radweg am rechten Ufer des Niederrheins bei Spellen

Im Sommer Kuhwiese, im Winter Auffangbecken: das Rheinufer bei Wesel

hinter sich und gelangen geradeaus auf einen Kiesweg wieder zum Rheinufer mit beeindruckender Aussicht. Der Radweg schlängelt sich am Lippehafen und an der Lippemündung entlang, die im Rahmen des Projekts Raum für den Fluss vor Kurzem neu gestaltet wurde.

Der Radweg stößt auf eine T-Kreuzung und den Radknotenpunkt 64, wo Sie sich rechts halten und den Kanal überqueren. Sie biegen gleich wieder rechts ab und ignorieren danach das Radschild, das rechts durch das Hafengebiet und Industriegelände führt. Stattdessen folgen Sie geradeaus dem Wegweiser Spellen-Mitte. Sie überqueren Gleise und fahren dann rechts

Restaurant Zur Arche in Voerde am Rhein

auf einer Nebenstraße nach Spellen hinein.

Idyllische Flussetappe In Spellen biegen Sie direkt nach der Kirche rechts ab, am Haus Wessel mit Biergarten wieder rechts und radeln dann geradeaus zwischen Feldern Richtung Rheinufer. Die Flusslandschaft ist hier bezaubernd. So nah am Strom und so malerisch ist der Rheinradweg nicht immer.

Nach der Bauernschaft Ork folgen Sie dem Wegweiser rechts Richtung Mehrum und radeln auf dem Damm auf das Kriegerdenkmal zu. Der Radweg verläuft hier nach links kurz unterhalb des Damms weiter, aber bald wieder oben auf dem Kiesweg. Der Fluss begleitet Sie auf den nächsten Kilometern nach Götterswickerhamm. Hier endet der Damm und die Radroute geht auf der Nebenstraße durch den Ort weiter. Beim Kreisverkehr halten Sie sich rechts, anschließend gelangen Sie zum Knotenpunkt 86 und radeln wieder rechts zum Rhein hinunter. In Götterswickerhamm laden einige Restaurants und Biergärten zum Einkehren ein. Sie sind dank ihrer herrlichen Lage direkt am Rhein besonders beliebt bei Radfahrern.

Vor dem stillgelegten Kraftwerk Möllen führt das Radschild rechts auf einen schattigen, aber sehr schmalen Radweg. Unsere Route verabschiedet sich nun vom Rhein und folgt zunächst den Wegweisern Dinslaken Richtung Knotenpunkt 85.

Einkehr am Rhein

Es ist wahrscheinlich einer der ungewöhnlichsten Orte für einen kurzen Stopp, aber keineswegs uninteressant: das Strandrestaurant Ahr am Fuße des stillgelegten Kohlekraftwerks Möllen mit Liegestühlen im Uferbereich des Rheins.

Durch den Wohnungswald Sie queren die Straße geradeaus mit Vorsicht und halten sich rechts durch den Wald und am Entwässerungsgraben entlang. Am Ende des Waldwegs unterqueren Sie nach rechts die Gleise und radeln gleich wieder rechts weiter. Sie überqueren erneut den Graben und nehmen nach den Schranken und noch vor dem Knotenpunkt 85 links den Waldweg. Er führt gemütlich durch den Wohnungswald, dessen Name auf die ursprünglichen Eigentümer, die Adelsfamilie Wonyngen, zurückgeht. Sie radeln

im Zickzack durch den Wald, bis Sie an die Gleise stoßen, denen Sie links-rechts Richtung Hünxe folgen. Sie unterqueren die Gleise und setzen die Route rechts fort auf dem Radweg neben der Landstraße. An der Ampelkreuzung radeln Sie geradeaus auf der Nebenstraße weiter zum Tenderingssee.

Am schattigen Radweg im Wohnungswald

An einigen Stellen am Tenderingssee kann man baden.

Tenderingsseen und Testerberge Der Weg führt geradeaus zwischen den Seen hindurch. Rechts ist sichtbar, dass hier auch heute noch gebaggert und ausgekiest wird. Links von der Straße aber liegt das Freizeitgewässer mit einem gepflegten Strandbad. Entlang unseres Wegs führen ab und an kleine Wege durch das Gebüsch zum Ufer und zu kleinen Badestellen, die bei sonnigem Wetter zu einer Pause einladen.
Die Route führt an der T-Kreuzung links um den See herum und durch Schatten spendenden Wald zum Knotenpunkt 80. Hier folgen Sie geradeaus dem Wegweiser Hünxe auf dem

Links: Die Lippefähre Quertreiber muss zunächst mit dem Seil herangezogen werden.

Mitte: Auf die Fähre passen maximal sechs Erwachsene.

Waldweg. Den Radschildern folgend gelangen Sie nach der Überquerung der Landstraße zu den Testerbergen. Das waldreiche Hügelland ist Teil eines Naturschutzgebiets. Am Fuß des Hügelrückens liegt der Knotenpunkt 69 und die Route führt links Richtung Hünxe-Bucholt weiter. Sie queren die Landstraße und gelangen jetzt links-rechts zum Wesel-Datteln-Kanal.

An der Lippe Nun überqueren Sie den Kanal. Am anderen Ufer stoßen Sie auf den Römer-Lippe-Radweg. Sie folgen dem Uferweg links bis zur nächsten Kanalbrücke und zum Knotenpunkt 66. Hier halten Sie sich rechts am Wegweiser Lippefähre. Das letzte Stück zur Radfähre Quertreiber ist ein sandiger Weg durch das Naturschutzgebiet Lippeauen.

Die Überfahrt mit der Fähre ist ein Erlebnis. Sie bietet Platz für maximal sechs Personen mit Rad und ist eine Selbstbedienungsfähre. Ans andere Ufer gelangen Sie in wenigen Minuten nur durch Ziehen. Auch Rastplätze fehlen nicht, um das Treiben zu beobachten. Dass der Quertreiber schon mal den Deutschen Fahrradpreis gewonnen hat, gibt dieser Fährverbindung einen zusätzlichen Reiz. Nach der Überfahrt geht es geradeaus weiter durch den Wald.

Durch die Innenstadt von Wesel Sie erreichen Knotenpunkt 26, wo Sie sich rechts halten und nun den Wegweisern Richtung

Der Esel ist das Symboltier von Wesel und schmückt vielerorts Plätze und Straßen.

Wesel-Innenstadt folgen. Die Route verläuft im Uferbereich der Lippe, entlang des Alten Wasserwerks und einstigen Lippehafens und schließlich an der Niederrheinhalle vorbei, unter den Gleisen hindurch und weiter zum Weseler Bahnhof. Sie biegen hier zur Innenstadt ab, radeln am Restaurant Kaiserhof entlang und direkt auf das Berliner Tor zu. Hinter dem monumentalen Tor beginnt die Hohe Straße, eine Fußgängerzone. Sie können das Rad durch die Einkaufsstraße schieben oder sie parallel nach rechts oder links umfahren. Unsere Route führt nach rechts. Am Kornmarkt mit vielen netten Einkehrmöglichkeiten angekommen, radeln Sie links zum Großen Markt mit bemerkenswertem Rathaus und dem mächtigen Willibrordi-Dom. Am Dom radeln Sie links vorbei. So erreichen Sie eine Ampelkreuzung, an der es geradeaus zurück zur Rheinpromenade geht.

24

Um den Diersfordter Waldsee

Idyllischer Baggersee

Leicht | 29 km | 2:30 Std.

Tourencharakter
Rundtour auf asphaltierten Nebenstraßen und Wirtschaftswegen sowie ungeteerten Radwegen am Kanal

Ausgangs-/Endpunkt
Parkplatz an der Rheinpromenade in Wesel

GPS-Daten
51°39'24.0"N 6°35'51.5"O

Anfahrt
Auto: A 3, dann auf der B 58 oder B 473 und B 8 nach Wesel, dort auf der Fischertorstraße zur Rheinpromenade
Bahn: Verschiedene Verbindungen mit der Regionalbahn (RB) und dem Regional-Express (RE). Vom Bahnhof sind es ca. 3 km zum Ausgangspunkt.

Karte
ADFC-Regionalkarte radrevier.ruhr West, 1:50 000

Abkürzung
Beim Diersfordter Segelhafen nicht nach links, sondern auf der Mühlenfeldstraße weiter. Nach etwa 1,5 km stoßen Sie beim Gasthaus UG wieder auf die Route, die links vom Schloss Diersfordt ankommt.

Kombinierbar mit
Tour 14 und 23

Einkehr
Restaurant Costa, Weseler Yachthafen, www.costa-wesel.de
Restaurant/Biergarten Zum Yachthafen, Wesel, m.facebook.com/Zum-Jachthafen-Wesel-1558375551157623/?ref=bookmarks
Restaurant Altes Fährhaus, Bislich, faehrhausbislich.de

Die Lebensader Rhein, attraktive Auenlandschaften, schöne Seen, Wald und Agrarland wechseln sich auf dieser reizvollen und abwechslungsreichen Radroute im Norden von Wesel ab. Und der gut ausgebaute Radweg trägt zur gemütlichen Radtour bei.

Die Weseler Rheinaue Vom Parkplatz an der Rheinpromenade in Wesel folgen Sie dem Rhein stromabwärts auf einer ausgewiesenen Fahrradstraße, die am großen Hotel Welcome und dem Jachthafen vorbeiführt. Die Route geht dann links weiter, hoch auf den Rheindamm Richtung Rees und Bislicher Radfähre. Die Strecke verläuft nun entlang der geschützten Weseler Rheinaue mit freier Sicht auf den Auesee und mehrere Altrheinarme. Der Auesee ist das Weseler Erholungsgebiet par excellence mit großem Strandbad und Wanderwegen im Uferbereich. An den ruhigen Wasserstellen im Naturschutzgebiet sind im Frühjahr

und Sommer viele Storchenpaare zu sehen, die hier ihre Jungen großziehen.
Bei Marwick biegen Sie in der Kurve beim Deichhaus nach links auf einen schmalen Radweg ein. Mit dem Rhein und den Kirchtürmen von Xanten im Blick radeln Sie Richtung Bislicher Rad- und Personenfähre. In der Nähe der Anlegestelle kommen Sie direkt an der Gaststätte Altes Fährhaus vorbei, wo es sich lohnt, eine Pause einzulegen und den Rheinblick zu genießen.

Blick auf den Rhein vom Deich nahe Wesel

Der Radweg am Rheindeich ist bestens unterhalten und asphaltiert.

Durch Bislich Kurz nach dem Alten Fährhaus stoßen Sie auf die Straße zur Fähre. Sie biegen nach rechts ein und radeln Richtung Bislich bis zur kleinen Kapelle am Ortsrand. Die unscheinbare Kapelle wurde übrigens an jener Stelle errichtet, an der die Alliierten im Zweiten Weltkrieg den Rhein auf einer Holzbrücke überquerten. Von der Brücke ist nichts mehr zu sehen, lediglich für den Zaun bei der Kapelle wurden Teile des Brückenholzes verwendet. Bei der Kapelle geht es nach links auf den Damm und entlang der Bislicher Rheinauen bis zur

Jachthafen im Diersfordter Waldsee

Bislicher Kirche und zum Knotenpunkt 35 weiter. Sie kehren bei der Dorfkirche letztendlich dem Rhein den Rücken, biegen nach rechts Richtung Diersfordt ab und durchqueren Bislich auf der Dorfstraße. Nach wenigen Minuten erreichen Sie das kleine, aber interessante Dorfmuseum, das unter anderem über die Storchenpopulation und Historisches zum Dorf informiert. Nach dem Museum macht die Route eine leichte Rechtsbiegung und Sie verlassen Bislich auf dem separaten Radweg entlang der Mühlenfeldstraße.

Diersfordter Waldsee Nach wenigen Kilometern und noch vor dem Diersfordter Segelhafen biegen Sie nach links auf die Straße Schüttwich ein. Vom Wirtschaftsweg aus erblicken Sie gleich rechts den Diersfordter Waldsee, einen großen Baggersee, in dem seit 1961 Sand abgebaut wird und der sich durch die Sandgewinnung ständig vergrößert. Die Tour führt nun geradeaus weiter. Sie beachten jetzt nicht die Radwegweiser, sondern bleiben immer am Ufer. So gelangen Sie in einem Bogen nach rechts zu einem Aussichtspunkt mit herrlichem Blick auf den Waldsee. Eine Tafel informiert über die Natur im Uferbereich. Danach geht es am Nordufer des Sees weiter. Der Weg steigt leicht an, führt durch den schönen Diersfordter Wald und stößt dann auf die Bundesstraße, wo Sie dem Radweg nach rechts folgen. Schon bald verlassen Sie die Straße nach rechts und die Route führt wieder gemütlich auf einem

Radweg quer durch den Wald nach Diersfordt und zum Knotenpunkt 33. Unterwegs kommen Sie noch am Schloss Diersfordt vorbei, ein Wasserschloss, das auf eine 700 Jahre lange Geschichte zurückblicken kann. Interessant ist die Schlosskapelle. Das Anwesen ist in Privatbesitz und wird teilweise als Hotel genutzt.

Schloss Diersfordt

Zurück zur Rheinpromenade Vom Schloss radeln Sie weiter zum Knotenpunkt 33, wo Sie sich nach links halten und die Straße überqueren. Auf der anderen Straßenseite beim Gasthaus nicht den Radschildern nach rechts folgen, sondern quer nach links dem Radwegweiser nach Flüren. Immer geradeaus auf der Waldstraße radelnd stoßen Sie schließlich auf die Landstraße, der Sie nach rechts folgen. So gelangen Sie wieder auf den Rheindamm bei Wesel. Die letzten Kilometer verlaufen denn auch auf dem gleichen Weg zurück. Dabei haben Sie noch die Gelegenheit, einen Stopp am grünen Ufer des Auesees oder am Strandbad einzulegen.

Die etwas andere Art der Übernachtung am Diersfordter Waldsee: Hausboote

Hausboote am Diersfordter Waldsee

Falls Sie eine oder mehrere Übernachtung(en) in Wesel oder Umgebung planen: Am Diersfordter Waldsee werden geräumige und moderne Hausboote zur Übernachtung angeboten. Aktuelle Informationen unter www.hausboot-niederrhein.de.

25 Um die Bislicher Insel

Von allem etwas dabei

Mittel | 37 km | 3:30 Std.

Tourencharakter
Rundtour auf asphaltierten Neben- und Wirtschaftsstraßen sowie kleine Abschnitte auf ungeteerten Radwegen

Ausgangs-/Endpunkt
Parkplatz an der Südsee in Xanten, Salmstraße 32

GPS-Daten
51°40'10.5"N 6°27'20.7"O

Anfahrt
Auto: Anfahrt auf der A 57, dann Ausfahrt auf die B 58 und weiter auf der B 57 direkt zum Parkplatz
Bahn: Regionalbahn (RB) ab/bis Duisburg

Karte
ADFC-Regionalkarte radrevier.ruhr West, 1:50 000

Kombinierbar mit
Tour 26 und 27

Einkehr
Restaurant Zur Rheinfähre, Xanten, rheinfaehre-xanten.de
Hotel/Restaurant Wacht am Rhein, Büderich, www.restaurant-wacht-am-rhein.de
Kneipe Karthaus, Xanten, www.karthaus-xanten.de

Umgeben von Rhein, Naturschutzgebieten, Badeseen und leichtem Hügelland eignet sich Xanten hervorragend als Ausgangspunkt für genussvolle Radtouren. Die Tour führt quer durch diese abwechslungsreiche Landschaft um die Bislicher Insel. Kultur wartet am Ende in der sehenswerten Xantener Altstadt.

Startpunkt Xanten Vom Parkplatz an der Südsee radeln Sie Richtung Ortsmitte. Sie folgen dem Radschild links durch die Altstadt. Nach dem Markt halten Sie links und biegen rechts auf den Ostwall ab. Den Wegweisern Bislich folgend gelangen Sie links zur Ampelkreuzung, wo Sie die Route am separaten Radweg rechts entlang der Bundesstraße fortsetzen. Sie verlassen die Straße schon wieder bei der nächsten Ampel nach links. Xanten lassen Sie jetzt hinter sich und nach wenigen Minuten erreichen Sie die Rheinfähre. Sie halten sich hier rechts Rich-

Direkt am Radweg gelegen: das Naturforum Bislicher Insel mit Infos über das Naturschutzgebiet

Schutzzone für Wasservögel: der Bislicher Altrheinarm

tung Bislicher Insel und radeln gemütlich auf einer ruhigen Nebenstraße im Uferbereich des Rheins weiter.

Zur Bislicher Insel Die Bislicher Insel ist vor mehr als 200 Jahren bei der Begradigung des Rheins entstanden. Das Ausmaß und die Schönheit des wasserreichen Naturgebiets am Altrhein lassen sich am besten vom Aussichtsturm beim Naturforum Bislicher Insel beobachten. Es liegt direkt an der Radroute und bietet neben dem Aussichtsturm auch ein kleines Informationszentrum sowie das einladende Auencafé. Vom Parkplatz können Sie rechts einen kurzen Abstecher ins Herz des Naturgebiets machen, das vor allem für Wasservögel von Bedeutung ist. Nach dem Naturforum haben Sie vom Radweg aus auch schöne Blicke auf die Auenlandschaft mit Wiesen. Sie verlassen die Nebenstraße und biegen links auf den gepflasterten Radweg am Rheindamm ein.

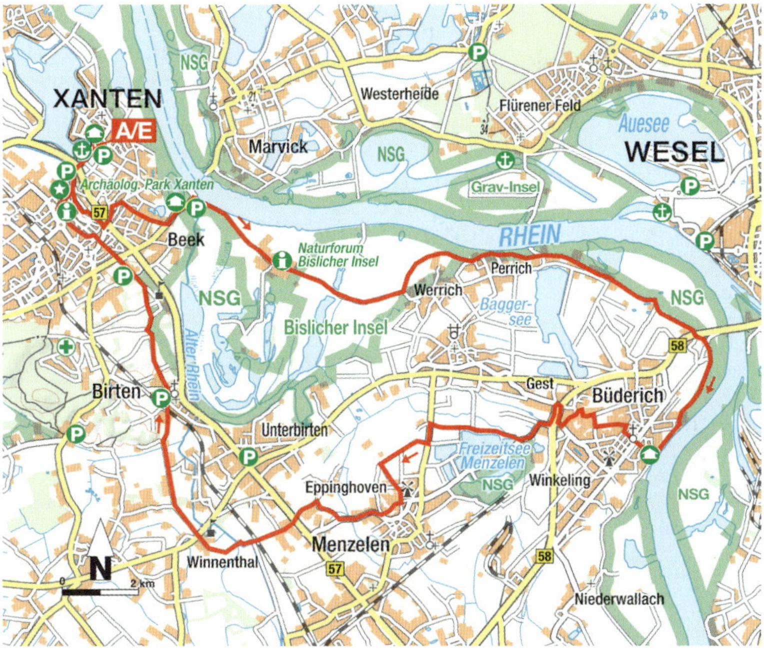

Reste der historischen Eisenbahnbrücke über den Rhein bei Wesel

Am Rhein entlang Sie radeln die nächste Etappe teilweise unterhalb des Rheindamms, teilweise auf dem Damm mit grandiosen Ausblicken auf den Strom. Die moderne Rheinbrücke bei Wesel ist ein guter Orientierungspunkt. Bemerkenswert auf dem Weg dorthin sind die Reste einer Rheinbrücke aus dem 19. Jahrhundert. Einst eine der längsten Eisenbahnbrücken Europas, heute ein imposantes Industriedenkmal. Sie folgen dem Pflasterweg, unterqueren die neue Rheinbrücke und radeln geradeaus weiter Richtung Büderich. Sie setzen die Route auf dem neuen Damm mit Hochwasserschutz bis zum Landhaushotel Wacht am Rhein fort, das von Weitem an seinem Turm erkennbar ist. Das Traditionslokal hat eine herrliche Terrasse mit Rheinblick und liegt etwa auf dem halben Weg unserer Radroute, ideal für einen Zwischenstopp. Schon Churchill und Eisenhower waren hier zu Gast, wie ein historisches Foto im Restaurant bezeugt.

Am Freizeitsee Menzelen Beim Hotel befindet sich Radknotenpunkt 61. Hier verlassen Sie den Rhein und radeln geradeaus durch das Polderdorf Büderich, an der Kirche vorbei und über die Marktstraße, bis Sie an eine T-Kreuzung gelangen. Hier halten Sie sich rechts und biegen ein paar Meter weiter links in die Straße Am Herrenacker ein. Sie radeln über diesen Wirtschaftsweg am Ortsrand von Büderich bis zur nächsten T-Kreuzung. Hier macht die Route eine Rechts-links-Schleife über die Brücke und verläuft dann auf der anderen Seite Richtung Freizeitsee

Menzelen. Die Route am See führt rechts auf einem unbefestigten Radweg durch den Wald. Wasser schimmert zwischen den Bäumen, aber zum Schluss haben Sie auch noch freien Blick auf den schönen See und den Sandstrand beim Freibad.
Am Strand führt die Route aber nicht vorbei. Die Radschilder weisen Ihnen den Weg erst links, dann rechts zum Dorf Menzelen, wo Sie von einer originalen Holländermühle begrüßt werden. Es geht hier rechts durch den beschaulichen Ort und kurz danach über die Nebenstraße rechts, die Sie wiederum rechts Richtung Eppinghoven verlassen.

Über den Fürstenberg zurück Die Route quert die Bundesstraße und die Gleise, danach folgen Sie rechts dem Bach durch den Wald. An der Gabelung halten Sie sich wiederum rechts nach Birten/Xanten. Birten liegt an der Südseite des Naturschutzgebiets Bislicher Insel am Altrhein und am Fuße des Fürstenbergs. Sie radeln geradeaus durch den Ort am Amphitheater im Wald vorbei und fahren bald darauf mit leichtem Anstieg über den 75 Meter hohen Fürstenberg. Am Südhang des Bergs befand sich das erste Römerlager von Xanten, Vetera I. Auf Geschichte stoßen Sie auch auf dem Hohlweg, einem Wald-

Schöne Raststelle am Menzelner See; Baden ist hier allerdings verboten.

Holländerwindmühle von Birten

Historisches Stadttor von Xanten: das Klever Tor

weg, der sich durch jahrhundertelange Nutzung tief in das umgebende Gelände eingeschnitten hat. Durch eine hübsche Allee können Sie nun das Rad zur Stadtmitte von Xanten hinunterrollen lassen. Das historische Zentrum von Xanten ist Fußgängerzone. Sie radeln deswegen nach links auf den Westwall, später auf dem Nordwall, die Sie ums Zentrum herum zurück zum Parkplatz führen. Unterwegs passieren Sie das alte Stadttor und die historische Kriemhild-Windmühle, wo seit drei Jahrzehnten wieder Mehl gemahlen und in der angeschlossenen Backstube unter anderem Vollwertbrot und Kuchen gebacken werden. Die Mühle kann auch besichtigt werden.

Xanten Keinesfalls sollten Sie einen Bogen um die Altstadt von Xanten machen. Durch die Bahnhofsstraße gelangen Sie vom Westwall direkt in die Altstadt und treffen dort sogleich auf das SiegfriedMuseum, das dem Drachentöter und dem sagenumwobenen Schatz aus der Nibelungensaga gewidmet ist. Hinter dem Museum ragen die über 70 Meter hohen Türme der fünfschiffigen Stiftskirche Sankt Viktor gen Himmel. Wegen seiner wuchtigen Erscheinung wird der Sakralbau auch

Xantener Dom genannt. Der Grundstein zur Kirche wurde Mitte des 13. Jahrhunderts gelegt. Bis zur Vollendung des Bauwerks vergingen allerdings noch fast 300 Jahre. Der Dom ist frei zugänglich; es werden aber auch Führungen für Einzelpersonen angeboten, die ab der Touristeninformation beginnen. Neben dem Dom befindet sich das Stiftsmuseum mit unter anderem einer der bedeutendsten Bibliotheken am Niederrhein. Das Highlight der Stadt liegt allerdings an unserem Ausgangs- und Endpunkt: der Archäologische Park Xanten, der bei Tour 26 beschrieben wird.

Archäologischer Park Xanten

Egal, welche unserer Routen Sie ab/bis Xanten machen werden, der Archäologische Park am Stadtrand ist das absolute Xantener Highlight und sollte keinesfalls ausgelassen werden (siehe Tour 26).

Vom SiegfriedMuseum geht es rechts zum Marktplatz, wo gemütliche Terrassencafés zu einer Verschnaufpause einladen, bevor Sie direkt zum historischen Rathaus weiterradeln und dort nach links wieder zum Ausgangspunkt der Route zurückkommen.

Terrassencafés im Zentrum von Xanten

26 Rund um die Xantener Nord- und Südsee

Freizeitspaß für Groß und Klein

Leicht | 15 km | 1:30 Std.

Tourencharakter
Rundtour auf gut befestigten Uferradwegen aus Kies

Ausgangs-/Endpunkt
Parkplatz an der Südsee in Xanten, Salmstraße 32

GPS-Daten
51°40'10.5"N 6°27'20.7"O

Anfahrt
Auto: Anfahrt auf der A 57, dann Ausfahrt auf die B 58 und weiter auf der B 57 direkt zum Parkplatz
Bahn: Regionalbahn (RB) ab/bis Duisburg

Karte
ADFC-Regionalkarte radrevier.ruhr West, 1:50 000

Abkürzung
In Wardt nicht weiter zur Nordsee, sondern am Westufer zurück zur Südsee

Kombinierbar mit
Tour 25 und 27

Einkehr
Restaurant Plaza del Mar, Südsee, www.plaza-del-mar.de
Restaurant Bagfiz, Wardt, www.bagfizamsee.de
Pier 5, Vynen, https://f-z-x.de
Restaurant-Café Hido, Vynen Hafen, hido-restaurant.de/

Vor den Toren von Xanten erstrecken sich die Freizeitgewässer Nord- und Südsee. Die Landschaft macht den Reiz dieser Runde aus. Die Route verläuft auf den Kieswegen an beiden Seeufern und bietet manchmal freie Seeblicke. Zum Abschluss der Radroute empfiehlt sich ein Besuch in Xanten und im Archäologischen Park.

Zur alten Fischerhütte Die Tour startet am Parkplatz an der Xantener Südsee. Von hier radeln Sie zwischen der Salmstraße und dem See Richtung altes Fischerdorf Lüttingen. Schon nach weniger als einem halben Kilometer zweigen Sie nach links auf den Kiesweg am Ostufer der Südsee ein. Unterwegs am Uferweg bieten sich schöne Aussichten auf die Silhouette von Xanten und das klare Wasser. Zwar gibt es oft Stellen, die Zugang zum Wasser bieten, doch Baden ist hier strengstens verboten.

Gut befestigter Kiesweg um die Xantener Südsee

Der erste interessante Stopp befindet sich an der historischen Fischerhütte, einem kleinen Steinhaus, das als Museum über den einstigen Alltag der Fischer von Lüttingen informiert, aus einer Zeit, als die beiden Seen noch Teil des Rheins waren.

Mittelpunkt von Wardt: die Willibrorduskirche

Durch Wardt Mit der Fischerhütte im Rücken geht es weiter zum Freizeitzentrum Xanten. Hier stoßen Sie auf die Radschilder, die Sie rechts-links durch das hübsche Wardt leiten. Der rund 2000 Einwohner zählende Ort liegt eingezwängt zwischen der Nord- und der Südsee. Vorbei am Museum Rund ums Geld und quer durch den Ort erreichen Sie die Nordsee mit dem Wardter Hafen. Wer noch Zeit, Lust und Interesse hat, der kann unterwegs kurz einen Blick in die gotische, aus Backstein und Tuff bestehende Willibrorduskirche werfen, die auf den Fundamenten einer Kapelle aus der Mitte des 13. Jahrhunderts erbaut wurde.

Über den Vyner Hafen zurück zur Südsee Beim Wardter Hafen geht es nach rechts weiter am Radweg um die Nordsee. Nach etwa drei Kilometern erreichen Sie Vynen an der Nordwestseite des Sees. Verschiedene Gastronomiebetriebe im Hafen laden zum Einkehren ein, bevor es an der Westseite der Nordsee wieder zurückgeht. Unterwegs kommt man an einem Spielplatz und einer Reihe von Hausbooten vorbei, die für Übernachtungen an-

Nur mit dem Boot zu erkunden: der Wasserlauf Pistley

Rastplatz am Hafen von Wardt an der Xantener Nordsee

gemietet werden können. Nach wenigen Radminuten passieren Sie den Wasserlauf Pistley, der die Nord- mit der Südsee verbindet. Dem Wasserlauf folgend kommen Sie wieder in die Nähe des Xantener Freizeitzentrums, das nun über eine Brücke erreichbar ist. Sie lassen die Brücke aber links liegen und radeln

am Westufer der Südsee langsam zum Ausgangspunkt zurück. Unterwegs sehen Sie rechts bereits die rekonstruierten Stadtmauern des Archäologischen Parks Xanten, die von den Säulen des römischen Hafentempels überragt werden.

Archäologischer Park Xanten Die weitläufige Anlage liegt gegenüber des Ausgangs- und Endpunkts der Route, ist eines der größten Freiluftmuseen der Republik und wurde auf dem Gelände der einstigen Römerstadt Colonia Ulpia Traiana errichtet. Ob Groß oder Klein, der Archäologische Park lohnt für einen Besuch. Sehr informativ gestaltet und didaktisch gut aufbereitet, spaziert man hier durch die Rekonstruktion einer der bedeutendsten Römerstädte in Deutschland, in der bis zu 10 000 Menschen rund 400 Jahre lang lebten. Originalgetreue Nachbauten wie das Amphitheater, die Stadtmauern und Stadttore, die Bade- und Wohnhäuser und der Hafentempel vermitteln einen guten Einblick in das tägliche Leben der Römer. In der Werft kann man Nachbauten römischer Schiffe in ihrer Entstehung sehen und das jährliche Römerfest lässt die einstige Römerstadt zum Leben erwachen. Auch an die jüngsten Besucher wurde gedacht: In einem Abenteuerspielplatz, einer Wasserspielanlage, einer Hüpfburg und dem Spielhaus mit Brett- und Geschicklichkeitsspielen aus antiker Zeit können sich die Kinder nach Herzenslust austoben. Und an verschiedenen Werkbänken können die Kleinen ihr handwerkliches Geschick unter Beweis stellen. Für das leibliche Wohl sorgen ein Restaurant mit Gerichten nach original römischen Rezepten. Kaffee und Kuchen gibt es in einer liebevoll restaurierten Mühle. Für den Besuch des Archäologischen Parks sollten schon einige Stunden eingeplant werden. Zeit sparen bei der Radtour kann man übrigens durch die Abkürzung in Wardt – also nur die Umrundung der Südsee.

Kindgerechte Radroute

Diese Route ist bestens geeignet für Kinder. Sie ist kurz, verläuft über einen sicheren Radweg und hat unterwegs viel zu bieten: Spielplätze, Strandbäder, Mietboote und den erlebnisreichen Archäologischen Park Xanten.

Rekonstruierter römischer Hafentempel im archäologischen Park von Xanten

27

Zwischen Xanten und Rees

Polderlandschaften am Niederrhein

Leicht | 31 km | 2:30 Std.

Tourencharakter
Rundtour auf Kieswegen an den Ufern der Xantener Freizeitseen und teilweise am Rhein sowie asphaltierten Nebenstraßen am linken und rechten Rheinufer

Ausgangs-/Endpunkt
Parkplatz an der Südsee in Xanten, Salmstraße 32

GPS-Daten
51°40'10.5"N 6°27'20.7"O

Anfahrt
Auto: Anfahrt auf der A57, dann Ausfahrt auf die B58 und weiter auf der B57 direkt zum Parkplatz
Bahn: Regionalbahn (RB) ab/bis Duisburg

Karte
ADFC-Regionalkarte radrevier.ruhr West, 1:50000

Kombinierbar mit
Tour 25 und 26

Einkehr
Restaurant Altes Fährhaus Bislich, faehrhausbislich.de
Restaurant Plaza del Mar, Südsee, www.plaza-del-mar.de
Restaurant Bagfiz, Wardt, www.bagfizamsee.de
Restaurant Zur Rheinfähre, Xanten, rheinfaehre-xanten.de

Naturschutzgebiete mit Flussauen und grüne Felder prägen diese Rundtour. Sie verläuft zunächst an der Xantener Süd- und Nordsee rheinabwärts nach Rees und am anderen Ufer stromaufwärts über Bislich retour. Zwei Fahrradfähren über den Rhein sind die Bindeglieder der Route. Die kurzen Überfahrten verleihen der Route extra Glanz.

Von der Südsee zur Rääße Pöntje Vom Parkplatz an der Xantener Südsee radeln Sie zunächst gemütlich Richtung Wardt am Westufer der Südsee entlang. Der Radweg bietet freien Blick auf das Wasser und das gegenüberliegende Ufer. Nach etwa zwei Kilometern erreichen Sie die Brücke zum Freizeitzentrum Xanten mit einem schönen Strandbad und zahlreichen Wassersportarten. Sie radeln nach rechts über die Brücke und

Die Radfähre Rääße Pöntje pendelt zwischen Rees und der Reeser Schanz.

folgen dann dem Radschild nach links quer durch Wardt. Der nette kleine Ort erstreckt sich zwischen der Nord- und der Südsee. Beim Wardter Hafen folgen Sie rechts dem Uferradweg an der Nordsee, bis der Wegweiser Rees Sie rechts auf den Rheindamm weist. Nun folgen Sie immer dem Rhein stromabwärts am Rande des Naturschutzgebiets Rheinauen mit schönen Fernsichten. In Obermörmter erreichen Sie Knotenpunkt 20, wo Sie die Route zur Reeser Schanz nehmen. Am Ende der Reeser Schanz warten das nette Landhaus-Café Am Rhein mit gemütlichem Gastgarten zum Einkehren und die Fahrradfähre Rääße Pöntje, die hier zur Rheinstadt Rees übersetzt.

Am rechten Rheinufer In Rees kommen Sie an der Rheinpromenade direkt im Ortszentrum an. Nachdem Sie das Rad von der Fähre kurz hochgeschoben haben, verlassen Sie die Rheinpromenade beim Restaurant Rheinterrasse nach links zum Marktplatz, dem Herzen des Kleinstädtchens. Ab hier folgen Sie den Radschildern nach rechts durch die Wasserstraße. Nach wenigen Radminuten erreichen Sie einen alten Wachturm, wo der Wegweiser Haffen Sie rechts auf die Stadtmauer hochleitet und danach weiter entlang des Skulpturenparks zum Rheindeich. Eine landschaftlich schöne Strecke folgt jetzt entlang des Naturgebiets Reeser Altrhein. Nach ein paar Kilometern erreichen Sie den Knotenpunkt 82, wo Sie den Tafeln geradeaus weiter nach Haffen folgen. Vorbei am Reeser Meer radeln Sie rechts weiter Richtung Bislich. Nochmals nach rechts, dann nach links und Sie gelangen wieder zum Radweg am Rheindamm. Die Route führt jetzt in einem weiten Bogen um das Dorf Haffen herum und

Fährzeiten beachten

Achten Sie bei dieser Tour unbedingt darauf, wann die Fähren in Betrieb sind! Bei Rees haben Sie noch die Möglichkeit, den Rhein auf einer Brücke zu überqueren, in Bislich gibt es keine Brücke. Die nächstgelegene Rheinbrücke ist im 11 km entfernten Wesel.

Gemütlich radeln auf dem Deichradweg bei Rees

entlang der Hochwasserschutzanlage Lohrwardt. Bei einem willkommenen Rastplatz befinden sich Tafeln, die über die Erweiterung des Polders und die Maßnahmen zum Schutz vor Hochwasser informieren. Nachdem Sie den Lohrwardter See und den Roosenhofsee hinter sich gelassen haben, kommen Sie zum Knotenpunkt 57. Hier geht es vom Deich hinunter und auf einer Nebenstraße weiter Richtung Wesel und Bislich. Im vor Ihnen liegenden Abschnitt der Tour radeln Sie mal auf dem Deich mit freier Sicht auf den Rhein und die Auen, mal am Fuße des Deichs mit Aussicht auf die ländliche Umgebung. Das Dorf Bislich und die Bislicher Fähre sind die nächsten Ziele.

Der Rhein bei Bislich

Von Bislich zurück nach Xanten Kurz vor Bislich folgt der Radweg am Deich einem Teil der Bislicher Storchenroute. Einige Storchennester säumen die Strecke und sind sogar mit Namen versehen wie Nest Drögenkamp, Nest Kirchenway oder Nest Fährhaus, dessen Name bereits seine Lage andeutet. In der Brutsaison ist das Treiben in den Nestern auf jeden Fall ein schönes Schauspiel. Mehr

Informationen über Bislich, die Störche und die Route zu den Nestern bekommen Sie im kleinen Deichdorfmuseum, das nach der Kirche Sankt Johannes links über die Dorfstraße erreichbar ist.

Bevor Sie die Fähre nach Xanten erreichen, passieren Sie noch die Bislicher Kapelle. Sie markiert den Ort, an dem die Alliierten im Zweiten Weltkrieg den Rhein auf einer Holzbrücke überquerten. Nach dem Übersetzen mit der Fähre radeln Sie geradeaus bis zum Knotenpunkt 26. Hier geht es nach rechts hinunter Richtung Xantener Zentrum mit einer sehenswerten Altstadt. Sie können aber auch am Knotenpunkt dem Radweg Richtung Lüttingen folgen. Er führt am Rand der Stadt direkt zum Knotenpunkt 39 am Parkplatz bei der Südsee, dem Ausgangspunkt der Route.

Raststelle am Radweg bei der Bislicher Kapelle

Marktplatz von Xanten

28 Am Reeser Meer und mehr

Natur und Landwirtschaft im Einklang

Mittel | 35 km | 3:00 Std.

Tourencharakter
Rundtour auf asphaltierten Nebenstraßen und Wirtschaftswegen; kleinere Abschnitte ungeteert

Ausgangs-/Endpunkt
Parkplatz, Wardstraße 2, Rees

GPS-Daten
51°45'30.4"N 6°23'26.2"O

Anfahrt
Auto: Rees liegt an der B 67, die im Ortsgebiet in den Westring übergeht und an der Wardstraße beim Parkplatz endet.
Bahn: Mit dem Regional-Express (RE) zum Bahnhof Empel-Rees und von dort mit dem Rad ca. 6 km bis zum Parkplatz in der Wardstraße

Karte
ADFC-Regionalkarte radrevier.ruhr West, 1:50 000

Kombinierbar mit
Tour 29 und 30

Einkehr
Restaurant Zum Reisenden Mann, Mehrhoog, www.zum-reisenden-mann.de
Gasthaus Zum Hirsch, Mehr, www.zum-hirsch-rees.de
Rheinterrassen in Rees, www.rheinterrassen-rees.de/de/home

Diese Rundtour ab Rees trifft in ihrem Verlauf auf den Rhein, das Reeser Meer und mehrere Baggerseen. Die Route verläuft auf Deichen und ruhigen Nebenstraßen und bietet immer wieder schöne Ausblicke. Genießen Sie unterwegs unberührte Natur, anlegte Biotope und andere schöne Ecken am Wegrand.

Ans Reeser Meer Ab dem großen Parkplatz in der Wardstraße folgen Sie den Radschildern durch das Reeser Zentrum, ab dem alten Wachturm dem Wegweiser Haffen. Letztgenannter weist auf die Reeser Stadtmauern hoch und anschließend am Skulpturengarten vorbei. Danach geht es auf dem Deich aus der Stadt hinaus und direkt entlang des Naturgebiets Reeser Altrhein. Der Radweg folgt kurz diesem Altarm, der hier von Teichrosen geprägt wird und führt dann vom Deich hinunter Richtung Reeser Meer. Sie erreichen jetzt den Radknoten-

punkt 82 und fahren hier geradeaus weiter auf dem Radweg Richtung Haffen. Beim Reeser Meer radeln Sie links durch ein Zauntor direkt ans Seeufer des ehemaligen Baggersees, wo ein Strand zur Rast einlädt.

Infotafeln am Baggersee Reeser Meer

So verlockend es auch sein mag, Baden ist hier leider verboten!
Vom Strand geht es geradeaus zurück zum Radweg. Sie halten sich nach dem kurzen Abstecher nach links und radeln kurz darauf rechts weiter Richtung Bislich. Nochmals nach rechts, dann nach links und Sie gelangen wieder hoch zum Radweg am Deich, der Sie in weitem Bogen um das Dorf Haffen herumführt.

Unterwegs am Bergerfurther Baggersee, heute ein Naturschutzgebiet

Am Rhein entlang Der Radweg verläuft danach an der Hochwasserschutzanlage Lohrwardt entlang, wo ein Radrastplatz angelegt wurde. Informationstafeln vermitteln Interessantes und Wissenswertes über die Maßnahmen, die hier vor Jahren durchgeführt wurden, um dem Niederrhein mehr Raum bei Hochwasser zu geben und gleichzeitig die angrenzenden Weiler und Orte vor Überflutung zu schützen. Vorbei am Lohrwardter See und dem Roosenhofsee gelangen Sie zum Knotenpunkt 57. Hier lassen Sie das Rad kurz hinunterrollen und setzen die Tour gleich rechts fort auf der Nebenstraße Richtung Wesel und Bislich. Sie radeln die nächsten Kilometer mal unten, mal oben am Deich mit herrlichen Ausblicken auf den Rhein.

Zwischen Baggerseen Beim Knotenpunkt 34 verabschieden Sie sich vom Rhein. Sie radeln vom Deich hinunter und fahren nach links auf einer ruhigen Nebenstraße Richtung Bergerfurth und Mehrhoog. Felder und Wiesen begleiten nun die Strecke. Sie überqueren die nächste Landstraße geradeaus und durchqueren anschließend ein ausgedehntes und stilles Naturgebiet von Baggerseen und alten Flussarmen. Mehrere Aussichtspunkte und Bänkchen mit Tischen an den Ufern laden immer wieder zum Verweilen und zum Beobachten der heimischen Vogelwelt ein. Ein Fernglas wäre hier von Vorteil.

Vogelbeobachtung

Viele Baggerseen wurden in den letzten Jahren in Biotope umgewandelt, in denen stets mehr Vogelarten angesiedelt sind. Um die Vögel besser zu sehen, sollte ein Fernglas unbedingt mitgenommen werden.

Sie stoßen nach dem letzten Baggersee auf eine Straße, wo Sie den Radweg auf der anderen Seite nach links bis zur Bundesstraße nehmen. Sie folgen ihr links auf einem separaten Radweg. Nach etwa drei Kilometern biegen Sie an der Ampelkreuzung in Mehrhoog links Richtung Rees und Mehr ab. Der Radweg führt mal rechts, mal links entlang der Straße durch den Ort. Wer Lust hat, der kann am Waldrand links zum Restaurant Zum reisenden Mann abbiegen. Die Route quert rechts den Bach und folgt dann nochmals rechts einer Nebenstraße zum

Aussichtspunkt am Bergerfurther Baggersee

Hochwasserschutzanlage Lohrwardt bei Rees

Schloss Bellinghoven. Das Schloss entstand im 17. Jahrhundert auf den Ruinen einer mittelalterlichen Wehranlage und wird heute vom Caritasverband Oberhausen genutzt.

Zurück zum Ausgangspunkt Von Schloss Bellinghoven folgen Sie den Wegweisern Rees und Haldern geradeaus auf dem Kiesweg. Kurz vor dem Wald biegen Sie rechts auf einen schmalen sandigen Radweg ein, der durch das Naturschutzgebiet Sonsfeldsche Weiden zum Uferbereich des Hagener Meers und der Haffenschen Landwehr führt. Dieser alte, von Menschenhand gegrabene Wassergraben verbindet das Hagener Meer mit dem Reeser Altrhein, dem Sie am Anfang dieser Route bereits begegnet sind.
Sie überqueren die Haffensche Landwehr und biegen kurz vor den Gleisen links auf den schmalen Radweg ein, der zum Nordufer des Reeser Meers führt. Schließlich gelangen Sie wieder zum Knotenpunkt 82 und folgen dem gleichen Weg über den Deich am Reeser Altrhein entlang zurück nach Rees.

Marktplatz von Rees

29

An Altrheinarmen in Bienen und Millingen

Typisch Niederrhein

Leicht | 24 km | 2:00 Std.

Tourencharakter
Rundtour auf asphaltierten Nebenstraßen und Wirtschaftswegen

Ausgangs-/Endpunkt
Parkplatz, Wardstraße 2, Rees

GPS-Daten
51°45'30.4"N 6°23'26.2"O

Anfahrt
Auto: Rees liegt an der B67, die im Ortsgebiet in den Westring übergeht und an der Wardstraße beim Parkplatz endet.
Bahn: Mit dem Regional-Express (RE) zum Bahnhof Empel-Rees und von dort mit dem Rad ca. 6 km bis zum Parkplatz in der Wardstraße

Karte
ADFC-Regionalkarte radrevier.ruhr West, 1:50000

Abkürzung
Am Ende des Reeserward dem Hauptweg Grietherbusch nach Bienen folgen und nicht nach links entlang des Altrheins radeln

Kombinierbar mit
Tour 28 und 30

Einkehr
Landhaus Drei Raben, Mahnensee, www.landhaus-drei-raben.de
Strandcafé Millinger Meer, www.strandbadmillingermeer.de
Rheinterrassen in Rees, www.rheinterrassen-rees.de/de/home

Die niederrheinische Landschaft nördlich von Rees, wo fast unberührte Natur sich mit Landwirtschaft abwechselt, ist Ziel dieses Rundkurses. Ein kurzer Abstecher führt zum Wasserschloss Hueth und zum Abschluss wartet die alte Stadt Rees mit der Rheinpromenade und weiteren Sehenswürdigkeiten auf.

Altrheinarm bei Grietherort

Nur von außen zu besichtigen: das Wasserschloss Hueth

Durch Naturschutzgebiete Vom Parkplatz folgen Sie der Wardstraße stadtauswärts Richtung Reeserward und Grietherort. Sie radeln über diese ruhige Landstraße, unter der Bundesstraße hindurch bis an die Gabelung. Hier wenden Sie sich nach links und fahren kurz danach am idyllisch gelegenen Mahnensee mit seinem Jachthafen vorbei. Baden ist im See verboten. Rechts vom Radweg lädt das Gasthaus Drei Raben mit Gastgarten und Wasserblick bereits zum Einkehren ein, vielleicht noch etwas zu früh auf dieser Route.
Mehrere Altrheinarme schlängeln sich nördlich von Rees durch die Landschaft und bilden einen besonderen Altarmkomplex, wie bei Grietherbusch. Hier biegen Sie nach links ab und gleich vor der Brücke wieder rechts auf einen Wirtschaftsweg. Sie radeln jetzt am Uferbereich des Grietherorter Altrheins entlang, vorbei an Weiden und Obstwiesen durch das Naturschutzgebiet Grietherorter Altrhein. Im weiten Bogen nach rechts gelangen Sie schließlich zurück auf die Landstraße, der Sie links nach Bienen folgen. Auf dem Weg dorthin queren Sie den Bienener Altrhein, Teil des Naturschutzgebiets Bienener Altrhein, Millinger und Hurler Meer.
Nach dem Ortsschild Bienen biegen Sie links in die Glockenstraße ein. Geradeaus vorbei an der Dorfkirche radelnd erreichen Sie Radknotenpunkt 79. Nun geht es rechts Richtung Millingen. Sie queren die Landstraße, biegen links in die Kreuzbaumstraße ein und folgen den Radschildern, die Sie im Zickzack durch ein ruhiges Wohnviertel leiten.

Zwischenstopp Unterwegs von Bienen nach Millingen lohnt sich ein kurzer Abstecher zum Schloss Hueth. Das mittelalter-

Stadmauer mit Wallhaus und Wehrturm in Rees

liche Wasserschloss liegt malerisch auf einer kleinen Insel im Wald, nur 300 Meter von der Radroute entfernt. Das Schloss befindet sich in Privatbesitz und ist deshalb nur von außen zu bewundern. Dafür ist der gemütliche Rastplatz vor dem Schlosstor geradezu perfekt für eine kurze Pause. Wieder am Radweg, geht es nach Millingen. Im Ortskern halten Sie sich gleich vor der Kirche rechts und folgen den Wegweisern zum Millinger Meer. Dieser See ist ein weiterer Altrheinarm, steht unter Naturschutz und bildet mit seinem Strandbad samt Gastronomie einen guten Platz, um das Rad mal kurz abzustellen und eine Kleinigkeit zu sich zu nehmen.

Badefreuden

Eventuell Badesachen mitnehmen, denn am Millinger Meer gibt es einen schönen Badestrand. In den anderen Gewässern wie dem Mahnensee oder den Altrheinarmen um Bienen ist Baden allerdings verboten.

Rees Nach der Pause am Millinger Meer geht es weiter nach Empel, wo Sie die stark befahrene Bundesstraße geradeaus überqueren und dem Radweg nach Rees zurück folgen.

Rees ist die älteste Stadt am Niederrhein. Erste menschliche Spuren wurden während Straßenarbeiten Anfang der 1960er-Jahre gefunden. Es waren vor allem Grabbeigaben, die aus der Jungsteinzeit, etwa 4000 v. Chr., datieren. Auf dem Weg ins Zentrum von Rees, wo am Marktplatz klassische Gastronomie mit Terrassen auf Sie wartet, passieren Sie den hübschen Skulpturenpark. Er wurde 2003 ins Leben gerufen, um Künstlern aus Deutschland und den Niederlanden eine Plattform zu geben. Eine Besonderheit im Skulpturenpark ist die begehbare Bodensonnenuhr, wo der Besucher einen Uhrzeiger bildet. Die Sonnenuhr bildet übrigens den Beginn des Planetenwegs, der die Dimensionen des Sonnensystems im Modell darstellt und mit Tafeln viele Informationen darüber vermittelt. Festungsanlagen, die noch stets in Gebrauch befindliche, am Stadtrand gelegene Scholten-Mühle aus der Mitte des 19. Jahrhunderts, der Battenbergturm, die noch immer bewohnte Klosteranlage Aspel und die robuste Stadtmauer, die Ende des 13. Jahrhunderts errichtet wurde, runden eine Stadtbesichtigung ab. Und zum Schluss können Sie die Atmosphäre an der fast einen Kilometer langen Rheinpromenade genießen. Die Einkehr in einem der am Wasser liegenden Restaurants ist bestimmt ein perfekter Abschluss dieser Radtour durch die typisch niederrheinische Landschaft.

Skulpturenpark in Rees

30 Über Kalkar zum Wisseler See

Kontraste erleben

Leicht | 28 km | 3:00 Std.

Tourencharakter
Rundtour auf asphaltierten Nebenstraßen und Wirtschaftswegen

Ausgangs-/Endpunkt
Parkplatz, Wardstraße 2, Rees

GPS-Daten
51°45'30.4"N 6°23'26.2"O

Anfahrt
Auto: Rees liegt an der B67, die im Ortsgebiet in den Westring übergeht und an der Wardstraße beim Parkplatz endet.
Bahn: Mit dem Regional-Express (RE) zum Bahnhof Empel-Rees und von dort mit dem Rad ca. 6 km bis zum Parkplatz in der Wardstraße

Karte
ADFC-Regionalkarte radrevier.ruhr West, 1:50000

Abkürzung
In Kalkar folgen Sie beim Stadtgraben nach rechts dem Leybach (unsere Route führt geradeaus weiter), später dem Kalflack direkt zum Wisseler See, was die Route um rund 3 km verkürzt.

Kombinierbar mit
Tour 28 und 29

Einkehr
Ratskeller, Kalkar, www.ratskeller-kalkar.com
Café & Bistro Mango, Kalkar, meiers-restaurant.de
Rheinterrassen in Rees, www.rheinterrassen-rees.de/de/home

Bei dieser Radtour ist von allem ein wenig dabei: entspannte Radwege abseits des Straßenverkehrs, eine Radfähre, sehenswerte Orte mit vielen Einkehrmöglichkeiten, ein einladender Badesee und sogar ein Erlebnispark. Eine Route also für Jung und Alt.

Zur Radfähre Die Tour startet gleich vielversprechend mit einer schönen, kurzen Bootsfahrt über den Rhein. Mit dem Parkplatz in der Wardstraße im Rücken radeln Sie zunächst zur Uferpromenade der Rheinstadt Rees. Kurze Zeit später erreichen Sie die Radfähre, auch bekannt als Rääße Pöntje, die Sie ans andere Ufer bringt. Während der Überfahrt können Sie in aller Ruhe den schönen Blick auf die Silhouette von Rees genießen und das Treiben am Rhein beobachten. Am anderen Rheinufer fährt die Fähre in die Flutmulde Rees hinein, einen künstlichen Bypass gegen das Hochwasser des Niederrheins.

Nur ein paar Minuten dauert die Überfahrt mit der Reeser Rheinfähre.

Erste Etappe Die Fähre legt an der Reeser Schanz an, wo Informationstafeln viel Wissenswertes über die Flutmulde vermitteln. Die Radroute verläuft geradeaus auf der Reeser Schanz Richtung Niedermörmter. Unterwegs erblicken Sie rechts zwischen den Bäumen einen See mit Sporthafen. Sie halten sich an der T-Kreuzung rechts, radeln auf dem separaten Radweg durch die hübsche Ortschaft Niedermörmter und unterqueren die Bundesstraße. Gleich danach folgen Sie dem Wegweiser links Richtung Obermörmter und radeln rechts über dem Golfplatz Richtung Kalkar. Am Ende der Straße nehmen Sie links den Radweg entlang der lebhaften Landstraße, die Sie aber schon bald wieder nach links verlassen. Weiter geht es Richtung Kalkar auf einem ruhigen, geteerten Wirtschaftsweg, vorbei an Bauernhöfen und Äckern. Sie queren die Landstraße rechts-links, halten sich in der Ortschaft Hanselaer rechts und radeln schließlich geradeaus bis nach Kalkar hinein.

Kalkar Eine historische Stadtwindmühle begrüßt Sie in Kalkar, das 1230 gegründet wurde und durch die Tuchindustrie zu gewissem Wohlstand fand. Die Blüte kann man teils noch an den Häusern auf dem Marktplatz und den angrenzenden Straßen sehen. Die Route führt quer durchs historische Zentrum am Marktplatz vorbei, dem Herzen der Stadt. Blickfänger ist hier das historische Rathaus an der Ostseite, das zwischen 1438 und 1446 im Stil der Backsteingotik errichtet wurde. Nach seiner Zerstörung im

Betriebszeiten beachten

Die Radfähre in Rees verkehrt nicht täglich. Während der Recherche legte sie nur am Dienstag, Donnerstag, am Wochenende und an Feiertagen ab. Aktuelle Informationen finden Sie unter www.niederrheinfaehre.de.

Gut für eine kurze Pause: der Marktplatz von Kalkar mit dem historischen Rathaus

Zweiten Weltkrieg, wurde das Rathaus in den 1950er-Jahren wieder vollständig aufgebaut.

Zum Wisseler See Nach der Pause in der Innenstadt von Kalkar radeln Sie vom Marktplatz rechts weiter durch die Kesselstraße mit einer schönen Häuserzeile. An ihrem Ende halten Sie sich links und gelangen zum Stadtgraben. Hier führen zwei unterschiedliche Radrouten Richtung Wissel. Unsere Tour verläuft geradeaus weiter, über den Graben und auf einer Nebenstraße. An der T-Kreuzung biegen Sie rechts auf den separaten Radweg ein und halten sich beim Kreisverkehr nach rechts Richtung Wissel. Etwa einen Kilometer vor dem Ort weist das leicht zu übersehende Straßenschild Naturbad Wisseler See rechts auf die Mühlenstraße zum Freibad. Zeit vielleicht für einen Stopp. Der Wisseler See grenzt an das Naturschutzgebiet Wisseler Dünen. Die Route geht auf der Nebenstraße zwischen See und Naturgebiet weiter Richtung Wunderland Kalkar und dem Rhein. An der T-Kreuzung biegen Sie links auf dem Radweg ein und beim Kreisverkehr rechts. Das Wunderland Kalkar ist nicht zu übersehen. Aus dem ehemaligen Kernkraftwerk Kalkar, das übrigens nie ans Netz ging, schuf ein niederländischer Investor ab 1995 einen Freizeitkomplex mit Familienpark, Hotel, Restaurants und Kneipen.

Zurück an den Rhein Ab dem Kalkarer Wunderland geht die letzte Etappe weiter Richtung Hönnepel. Vor dem Ortsschild folgen Sie dem Radwegweiser links Richtung Rees und radeln

Kleiner Strand am Wisseler See

zum Deich hoch. Jetzt geht es immer am Rhein entlang zurück nach Rees. Sie haben dabei die Qual der Wahl: Sie können das Rad zur modernen Rheinbrücke hochschieben, den Rhein überqueren und danach das Rad Richtung Rees hinunterrollen lassen. Oder Sie radeln einfach weiter nach Niedermörmter und nehmen wieder die Rääße Pöntje zurück. Wie Sie sich auch entscheiden, der Blick auf den Rhein ist auf jeden Fall herrlich.

Rheinpromenade in Rees

Für jeden Tag die richtige Tour

1	● Von der Ruhr zur Sechs-Seen-Platte	38 km	3:30 Std.	●		●	●	●	●	●
2	● Um den Baldeneysee	30 km	2:30 Std.	●	●	●	●	●	●	●
3	● An der Ruhr bei Hattingen	26 km	2:30 Std.	●	●	●	●		●	●
4	● Um den Kemnader See	34 km	3:00 Std.	●		●	●		●	●
5	● Am Hengsteysee und Harkortsee	35 km	3:00 Std.	●	●	●	●	●	●	●
6	● Ruhr und Natur nahe Schwerte	40 km	4:00 Std.	●		●	●		●	●
7	● An der Lenne	24 km	2:00 Std.	●	●	●	●			●
8	● Im Ruhrtal bei Fröndenberg	20 km	2:30 Std.	●		●	●		●	●
9	● Von der Ruhr zur Emscherquelle	31 km	3:30 Std.	●		●	●			●
10	● An der neuen Emscher	23 km	2:00 Std.	●		●	●			
11	● Durchs Herz des Ruhrgebiets	48 km	4:00 Std.	●		●	●			
12	● Am Kulturkanal zwischen GE und OB	35 km	3:00 Std.	●		●	●	●		●
13	● Rhein-Herne-Kanal, Rhein und Emscher	36 km	3:30 Std.	●		●	●			●
14	● Lippe trifft Rhein	30 km	2:30 Std.	●		●	●			●
15	● Wesel-Datteln-Kanal und Lippe bei Dorsten	36 km	3:00 Std.	●		●	●			●
16	● An der Lippe und am Pilgerweg	31 km	3:00 Std.	●		●	●		●	●
17	● Zum Silbersee II bei Lehmbraken	24 km	2:00 Std.	●	●	●	●		●	●

Nr.		Tour	Länge	Fahrzeit	Einkehr	kindergeeignet	Sehenswürdigkeit	viel Sonne	schattiger Weg	Baden	ÖPNV
18	🔵	Um den Halterner und den Hullerner Stausee	25 km	2:30 Std.	●	●	●	●	●	●	●
19	🔵	An der Lippe bei Haltern	33 km	3:00 Std.	●		●	●	●	●	●
20	🔴	Am Dattelner Meer	47 km	4:00 Std.	●		●	●			●
21	🔵	An der Seseke	34 km	3:00 Std.	●		●	●		●	●
22	🔵	Am Niederrhein bei Duisburg	29 km	2:30 Std.	●		●	●			●
23	🔴	Zwischen Rhein und Lippe	50 km	4:30 Std.	●		●	●	●		●
24	🔵	Um den Diersfordter Waldsee	29 km	2:30 Std.	●	●	●	●		●	●
25	🔴	Um die Bislicher Insel	37 km	3:30 Std.	●		●	●			●
26	🔵	Rund um die Xantener Nord- und Südsee	15 km	1:30 Std.	●	●	●	●		●	●
27	🔵	Zwischen Xanten und Rees	31 km	2:30 Std.	●		●	●			●
28	🔴	Am Reeser Meer und mehr	35 km	3:00 Std.	●		●	●			●
29	🔵	An Altrheinarmen in Bienen und Millingen	24 km	2:00 Std.	●		●	●		●	●
30	🔵	Über Kalkar zum Wisseler See	28 km	3:00 Std.	●	●	●	●		●	●

Piktogramme erleichtern den Überblick

- Länge
- Fahrzeit
- Einkehr
- kindergeeignet
- Sehenswürdigkeit
- viel Sonne
- schattiger Weg
- Baden
- ÖPNV

Nachschlag

Schon geradelt oder noch beim Durchblättern und Vorbereiten der einen oder anderen Radtour durchs Ruhrgebiet? Wir hoffen jedenfalls, dass Ihnen die von uns zusammengestellten Touren im Revier ebenso viel Spaß machen werden wie uns. Und dass Sie dabei viel Neues, Interessantes und Unbekanntes gemütlich vom Sattel aus entdecken werden. Denn nirgendwo anders in Deutschland kann man in einer Region, die gerade mal so groß ist wie das Berliner Stadtgebiet, Industriegeschichte so hautnah erleben und auf Hochöfen klettern, Museen und Veranstaltungen in Bergwerkstollen und Maschinenhallen besuchen, auf ehemaligen Halden hochradeln und die Fernsichten über das Ruhrgebiet genießen und noch viel, viel mehr.

Linda O'Bryan
Hans Zaglitsch

An dieser Stelle möchten wir uns auch bei allen Touristeninformationen, Museen, privaten Institutionen und Einrichtungen recht herzlich für die Unterstützung bedanken. Denn ohne deren Hilfe, Tipps und Genehmigungen zum Fotografieren wäre dieses Buch nicht zustande gekommen.

Und schon vorab bereits ein herzliches Dankeschön an alle Radlerinnen und Radler, die uns in Zukunft mit Tipps und aktuellen Informationen zu den einzelnen Radrouten informieren werden, damit das Buch stets auf dem neuesten Stand sein wird.

Viel Spaß beim Radeln und Entdecken des Ruhrgebiets!

Linda O'Bryan
Hans Zaglitsch

Register

Impressum

Verantwortlich: Dr. Johannes Abdullahi
Redaktion, Lektorat und Satz: mcp concept GmbH
Layout: Eva-Maria Klaffenböck
Repro: Cromika
Kartografie: Bruckmann Verlag GmbH, Heidi Schmalfuß
Umschlaggestaltung: Rudi Stix
Herstellung: Alexander Knoll
Printed in Poland by CGS Printing

★★★★★

Sind Sie mit diesem Titel zufrieden? Dann würden wir uns über Ihre Weiterempfehlung freuen. Erzählen Sie es im Freundeskreis, berichten Sie Ihrem Buchhändler, oder bewerten Sie bei Onlinekauf. Und wenn Sie Kritik, Korrekturen, Aktualisierungen haben, freuen wir uns über Ihre Nachricht an den Bruckmann Verlag, Postfach 40 02 09, D-80702 München oder per E-Mail an lektorat@verlagshaus.de.

Unser komplettes Programm finden Sie unter www.bruckmann.de

Alle Angaben dieses Werks wurden von den Autoren sorgfältig recherchiert und auf den neuesten Stand gebracht sowie vom Verlag geprüft. Für die Richtigkeit der Angaben kann jedoch keine Haftung übernommen werden, weshalb die Nutzung auf eigene Gefahr erfolgt. Insbesondere bei GPS-Daten können Abweichungen nicht ausgeschlossen werden. Sollte dieses Werk Links auf Webseiten Dritter enthalten, so machen wir uns die Inhalte nicht zu eigen und übernehmen für die Inhalte keine Haftung.

In diesem Buch wird aus Gründen der besseren Lesbarkeit das generische Maskulinum verwendet. Weibliche und anderweitige Geschlechteridentitäten werden dabei ausdrücklich mitgemeint, soweit es für die Aussage erforderlich ist.

Empfehlung der Redaktion
Sie sind auf der Suche nach weiterführender Literatur? Dann empfehlen wir Ihnen den Titel *# what a trip* von Maximilian Semsch. Hier werden Sie bestimmt fündig.

Bildnachweis
Alle Bilder im Innenteil und auf dem Umschlag stammen von Hans Zaglitsch (www.hans-zaglitsch.com)
Umschlagvorderseite: Auszeit am Hengsteysee (Tour 5)
Umschlagrückseite: Am Wesel-Datteln-Kanal bei Datteln (Tour 20)

Die Deutsche Nationalbibliothek verzeichnet diese Publikation in der Deutschen Nationalbibliografie; detaillierte bibliografische Daten sind im Internet über http://dnb.d-nb.de abrufbar.

2. aktualisierte Auflage

ISBN 978-3-7343-2005-7